Hallo liebe Schülerin, lieber Schüler,

Vokabeln lernen macht Spaß!

Die *99 Wortschatzübungen* sind genau das Richtige für dich, wenn du mit *Découvertes Junior* arbeitest. Sie ermöglichen dir, den Wortschatz deines Schülerbuches in der Reihenfolge der *Unités* systematisch zu wiederholen. Die Vokabeln werden in vielen spielerischen Aufgabenformen geübt (Bilderrätsel, Wortgitter, Zuordnungsübungen, Multiple-Choice ...).
Viele nützliche Tipps machen das Üben und Lernen leichter und erfolgreicher und helfen dir selbstständig zu arbeiten. Die Lösungen am Ende des Heftes erlauben außerdem eine zuverlässige Kontrolle deiner Ergebnisse.

Im *Tu te rappelles*-Kästchen kannst du am Anfang jeder *Unité* den Wortschatz der vorigen *Unité* wiederholen. Und am Ende jeder *Unité* kannst du mithilfe einer *Tout compris*-Seite deinen Wortschatz noch einmal kurz testen.
Im *Stratégie*-Kästchen findest du außerdem weitere Lerntipps, die dich bei der Vokabelarbeit unterstützen.

Viel Spaß dabei!

Die Autoren

Découvertes Junior

1 Bonjour, Moustique!

Complète les mots.
(Ergänze die fehlenden Buchstaben.)

1. Sal☐t!
2. Merc☐!
3. Au ☐evoir!
4. o☐i
5. A ☐lus!
6. ma☐ame
7. b☐en
8. Bi☐nven☐e!
9. B☐f!
10. Je m'☐pp☐lle …

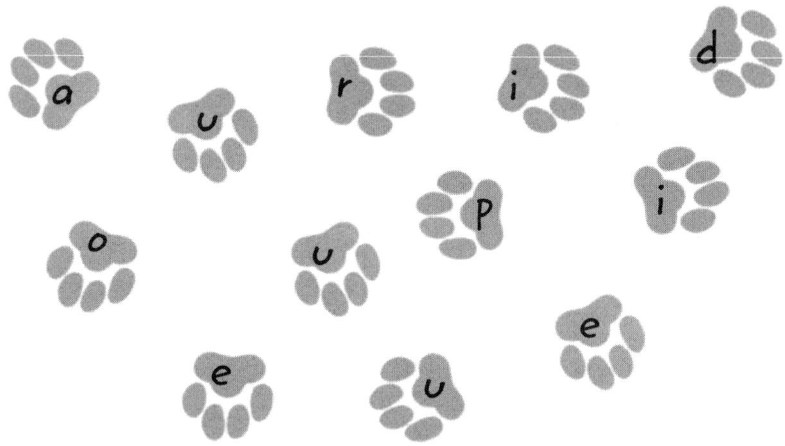

2 Toi et moi

Relie les images avec les phrases.
(Verbinde die Bilder mit den entsprechenden Sprechblasen.)

1

2

3

4

Bonjour.
Je m'appelle Manon.

Mmm …, c'est bon!

Bonjour,
madame Duroc.

Merci, monsieur!

3 Un – deux – trois . . .

Complète les mots croisés. (Vervollständige das Raster mit den passenden Zahlen.)

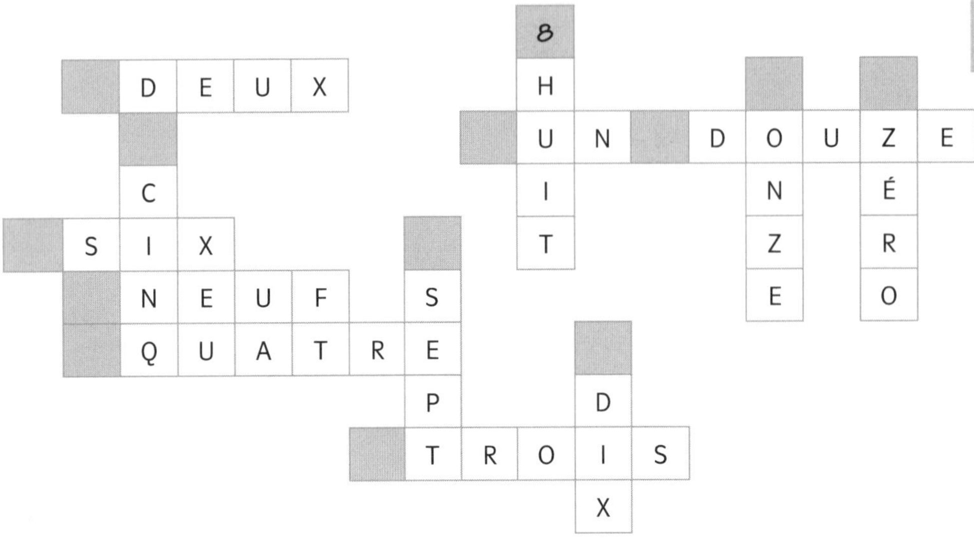

TIPP
Sprich dir die Zahlen laut vor. Das kann dir helfen!

4 1+1

Trouve le bon chiffre. (Schreibe die richtige Summe aus.)

1.  +  = cinq

2.  +  = ______

3.  +  = ______

4.  +  = ______

5 Sur le bureau

Qu'est-ce qu'il y a sur le bureau?
(Was gehört auf deinen Schreibtisch? Finde 10 Wörter aus dem Silbenrätsel. Verwende **un** *oder* **une**.*)*

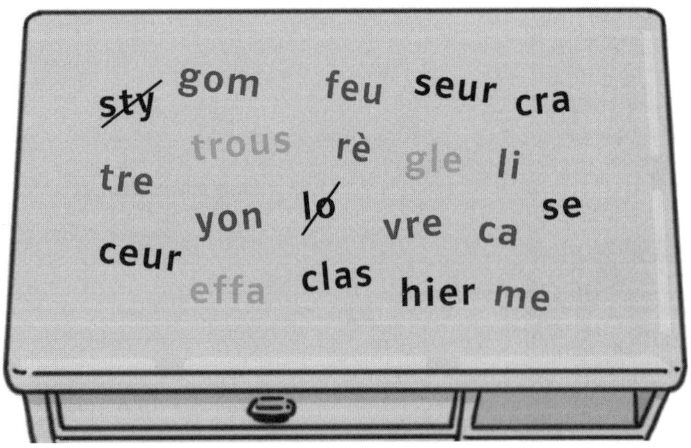

1. un stylo
2. ______
3. ______
4. ______
5. ______
6. ______
7. ______
8. ______
9. ______
10. ______

6 En classe et dans la rue ...

En classe ou dans la rue? (In der Schule oder auf der Straße? Was gehört wohin? Trage die Wörter in die richtige Liste ein. Einige Wörter passen in beide Spalten. Pass auf: Ein Wort bleibt übrig.)

une maison — un chien — une boulangerie — un classeur
une trousse — un livre — une pharmacie — un cinéma
les copains — les enfants — un éléphant — une médiathèque

En classe	Dans la rue

7 Le bureau de poste

Relie les endroits aux dessins. (Wo findet man was? Vervollständige das Raster.)

1. un bureau de poste
2. un restaurant
3. une pharmacie
4. un café
5. une maison de la presse
6. un parc
7. une boulangerie
8. un cinéma
9. une école

a

b

c

d

e

f
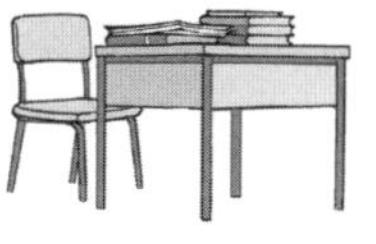
g

h

i

1	2	3	4	5	6	7	8	9

8 Les amis en France

Coche la ou les bonnes solutions.
(Finde die richtige(n) Antwort(en) und kreuze sie an.)

1. Wie kann man jemanden begrüßen?

- [ ] Bonjour!
- [ ] Salut!
- [ ] A plus!

2. Wie kann man sich von jemandem verabschieden?

- [ ] A plus!
- [ ] A demain!
- [ ] Au revoir!

3. Wie bedankt man sich?

- [ ] Venez!
- [ ] Merci!
- [ ] Bien!

4. Was kann man auf die Frage „Ça va?" antworten?

- [ ] Bien, merci!
- [ ] Oui, et toi?
- [ ] Venez!

5. Was kann man antworten, wenn man gefragt wird, woher man kommt?

- [ ] Voilà mon petit chat!
- [ ] Moi, je suis de France.
- [ ] C'est bon!

9 Voilà!

Regarde les dessins et trouve 8 mots. (Schau dir die Bilder an und finde 8 Wörter der Unité!)

1.
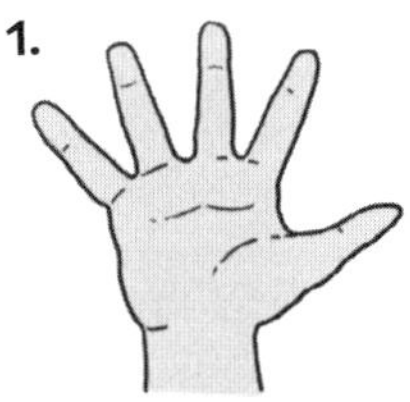

2.

3.

4.

5.

6.

7.

1 une
2 les
3 l'
4 un
5 un
6 un
7 un

			à				

Le mot mystère: une __ __ __ __ __ __ __
5 3 1 6 4 7 2

Tout compris?

A *Trouve 12 mots. (Finde 12 Wörter. Trenne sie durch einen Strich ab.)*

madamemercimonsieurbienvenuesalutchienruebonjourparclivrepharmaciecinéma

B *Coche. (Kreuze die richtige(n) Antwort(en) an.)*

1. Was kann man essen?
- [ ] un gratin
- [ ] une main
- [ ] un copain

2. Kreuze an, was kein Tier ist.
- [ ] un lapin
- [ ] un éléphant
- [ ] un enfant

3. Was stimmt nicht?
- [ ] quatre + deux = six
- [ ] dix – quatre = sept
- [ ] huit : deux = quatre

4. Was kann man in einer Tasche finden?
- [ ] une gomme
- [ ] un volcan
- [ ] un cahier

5. Wo kann man Bücher finden?
- [ ] à la médiathèque
- [ ] à la maison de la presse
- [ ] à la boulangerie

6. Man wohnt in …
- [ ] une maison
- [ ] un crayon
- [ ] un ballon

C *Trouve les solutions. (Schreibe das Ergebnis in Zahlen.)*

1. six – cinq = 1 ______

2. dix - deux = ______

3. cinq + six = ______

4. quatre x trois = ______

5. un x zéro = ______

STRATEGIE

Vokabeln mit System

Ein neues Wort sollte man richtig schreiben können …
Das muss aber nicht langweilig sein. Übe mit einem Freund/einer Freundin. Jeder soll abwechselnd ein Wort vorlesen, der/die andere schreibt es richtig auf.
Spielbeispiel: eine Variante von Stadt, Land, Fluss:
– Wer findet als Erste / r zwei Wörter, die beispielsweise mit einem „c" anfangen?

Ein neues Wort sollte man richtig aussprechen können …
Du kannst zum Beispiel gleich klingende Wörter zusammen lernen: *les bonbons, c'est bon!*
Oder: *Un éléphant dans un volcan.* Das macht sogar Spaß. Du kannst dich selbst aufnehmen und so auch besser korrigieren.
Spielbeispiel: der Roboter. Dein / e Partner / in buchstabiert Wörter auf Französisch, du sagst das ganze Wort laut.

TU TE RAPPELLES? → Unité 1

1. Hallo! Ich heiße Lucie.	Bonjour, je ______________ Marie.
2. Wie geht's?	______________ ?
– Es geht mir gut, danke!	– Oui, ça va bien, ______________ .
3. Und du?	Et ________ ?
4. Auf Wiedersehen!	Au ______________ !
5. Da ist Malabar!	______________ Malabar!
6. Guten Tag! (zu einer Dame)	Bonjour, ______________ !
7. Guten Tag! (zu einem Herrn)	Bonjour, ______________ !
8. Sie ist (kommt) aus Toulouse.	Elle est ______________ Toulouse.

10 C'est bizarre!

Qui parle? (Wer spricht? Finde heraus, wer was sagen könnte, und trage die Namen auf den Karten ein. Schreibe anschließend auf, was sie sagen.)

TIPP
Lies die Sätze rückwärts.

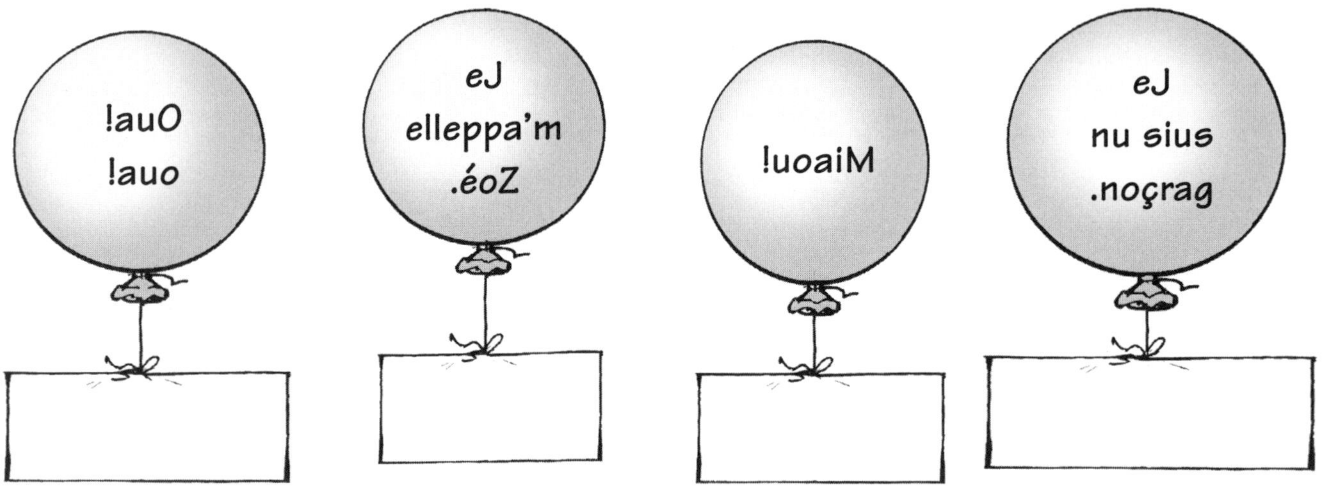

1. ______________ 2. ______________ 3. ______________ 4. ______________

Youki

Paul

Zoé

Minou

11 C'est [ɔ̃], [ɑ̃] ou [ɛ̃]?

A [ɔ̃], [ɑ̃] *ou* [ɛ̃]? *Ecris les mots dans la bonne colonne.*
(Welche Nasale erkennst du? Schreibe die Wörter in die richtige Liste.)

TIPP
Sprich dir die Wörter laut vor.

garçon | Bonjour | copain | pardon | enfant | chien | fantastique | bien | comment

[ɔ̃] wie Manon	[ɑ̃] wie Clément	[ɛ̃] wie Romain
______	______	______
______	______	______
______	______	______
______	______	______

12 Comment?

Trouve l'intrus. (Trenne die Wörter durch einen Strich ab und trage den Eindringling rechts ein.)

orangenoirgrisbonbonjaune — 1. ______

garçonmaisonmonsieurfilledame — 2. ______

parisstrasbourgrestaurantbrestnice — 3. ______

chienéléphantboulangeriechatlapin — 4. ______

13 Un mot mystère

Regarde les dessins et trouve les mots. (Schreibe die Wörter in das Kreuzworträtsel und finde das Lösungswort.)

1. 

2. 

3. 

1. un								
2. un	M	O	N	S	I	E	U	R
3.								
4. une								
5. un								
6. un								

4. 

5. 

6. 

Mot mystère: __ __ __ __ __ __ (1 2 3 4 5 6)

14 C'est qui?

Complète maintenant les phrases avec les mots de l'exercice 13.
(Ergänze nun die Sätze mit den Wörtern aus der Übung 13.)

1. Malabar est un ______________________? – Mais non, c'est un ______________________.

2. Léo est un copain d'Alex? – Oui. Alex est une ______________________ de Léo.

3. Alex est un ______________________? – Mais non, Alex est une ______________________.

4. Mme Latière est un ______________________? – Mme Latière? C'est une dame!

5. Tu es de ______________________? – Non, je suis de Berlin.

15 Les couleurs

Trouve les bonnes couleurs. (In welchen Farben sollten die Zeichnungen angemalt werden? Schreibe die passende Farbe auf und male die Bilder entsprechend an.)

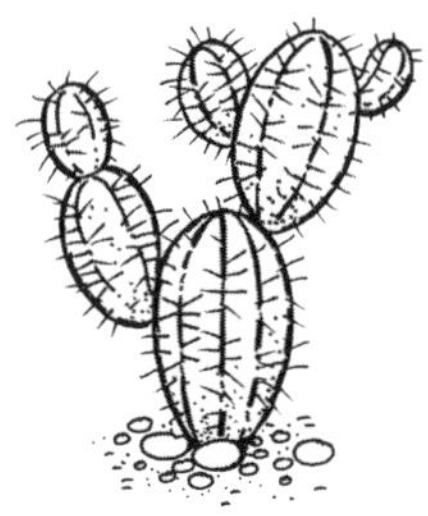
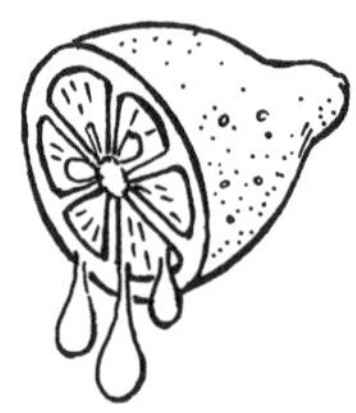

1. ______________ 2. ______________ 3. ______________ 4. ______________ 5. ______________

16 Huit mots

Trouve les huit mots dans la grille.
(Findest du die acht Wörter in dem Gitter? Schreibe diese auf.)

TIPP

Suche senkrecht ↕ und waagerecht ↔ !

B	I	Z	A	R	R	E	W	P	O	M
J	M	Y	A	G	H	Z	C	W	B	E
A	F	X	G	T	Y	M	U	E	M	R
O	S	F	Z	K	J	A	L	B	V	C
U	D	A	U	S	S	I	R	I	C	I
I	M	G	H	K	A	S	V	E	Q	T
D	B	E	H	K	S	Q	B	N	D	R
B	I	F	S	U	P	E	R	L	T	A
F	X	G	T	Y	M	U	E	K	S	E
S	F	Z	K	J	A	L	B	U	P	N

1. aber ______________

2. gut ______________

3. komisch ______________

4. hier ______________

5. toll ______________

6. danke ______________

7. ja ______________

8. auch ______________

17 Bizarre, bizarre ...

Qu'est-ce que tu dis dans les situations suivantes? (Was sagst du in folgenden Situationen? Kreuze an.)

1. Du möchtest jemanden vor einer Gefahr warnen.

☐ Pardon ☐ Comment? ☐ Attention!

2. Du findest etwas komisch.

☐ C'est fantastique! ☐ Pardon! ☒ C'est bizarre!

3. Du sagst: «Komm schnell!»

☐ Viens vite! ☐ Ça va? ☐ Viens ici!

4. Du verabschiedest dich.

☐ Merci. ☐ Au revoir. ☐ Comment?

5. Du begrüßt einen Freund.

☐ Salut! ☐ Voilà! ☐ Qui est-ce?

18 Comment ça va?

Relie. (Verbinde die Fragen mit den passenden Antworten.)

Ça va bien?

C'est qui?

Tu t'appelles comment?

C'est une copine?

Au revoir, Pierre.

Le chien est noir?

Tu es de Strasbourg?

Non, je suis de Paris.

Salut, Marie.

Mais non, il est blanc.

Oui, c'est une fille super.

C'est un copain.

Très bien, merci!

Je m'appelle Léo.

Tout compris?

A *Trouve sept couleurs. (Finde sieben Farben im Gitter und trage sie ein.)*

o	b	v	o	r	a	n	g	e
r	l	e	v	r	e	x	t	u
m	a	r	r	o	n	u	a	b
b	n	t	r	u	o	b	l	l
l	c	i	a	g	i	g	g	a
e	v	z	r	e	r	s	r	u
b	l	e	a	i	j	e	t	v
a	u	s	j	a	u	n	e	u

1. ______________________
2. ______________________
3. ______________________
4. ______________________
5. ______________________
6. ______________________
7. ______________________

B *Trouve neuf mots et ajoute l'article indéfini **un** ou **une**. (In dieser Buchstabenkette haben sich neun Nomen versteckt. Trenne die Wörter durch einen Strich ab und schreibe sie mit dem unbestimmten Artikel **un** oder **une** auf.)*

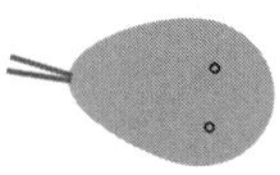

monsieurchatgarçonchienfillecopaindamebisejeu

1. un ______________________
2. ______________________
3. ______________________
4. ______________________
5. ______________________
6. ______________________
7. ______________________
8. ______________________
9. ______________________

C *Coche la bonne traduction. (Kreuze die richtige Übersetzung an.)*

1. Ist Nicolas aus Paris?
- ☐ Nicolas est de Paris?
- ☐ C'est Nicolas?
- ☐ Nicolas est à Paris?

2. Guten Tag, Frau Lenoir.
- ☐ Salut, madame.
- ☐ Bonjour, madame.
- ☐ Au revoir, madame

3. Da ist Nathalie.
- ☐ C'est Nathalie.
- ☐ Ça va, Nathalie?
- ☐ Voilà Nathalie.

4. Auf Wiedersehen, Marie.
- ☐ Bonjour, Marie.
- ☐ Au revoir, Marie.
- ☐ Viens vite, Marie.

5. Zoé ist eine Freundin.
- ☐ Zoé est une fille.
- ☐ Zoé est une copine.
- ☐ Zoé est une dame.

6. Wie geht's?
- ☐ Moi aussi.
- ☐ Quoi?
- ☐ Ça va?

STRATEGIE

Wenn du neue Wörter lernst, schreibe die männlichen Nomen immer blau (Maskulinum) und die weiblichen immer rot (Femininum) in dein Vokabelheft.

TU TE RAPPELLES? → Unité 2

1. Komm Papa, schnell!	________ papa! Vite!
2. Wie heißt du?	Tu ________ comment?
3. Pass auf, Moustique! Nein!	________, Moustique! Non!
4. Das ist Moustique.	________ Moustique.
5. Wer ist das?	C'est ________?
6. Ich heiße Manon. Und du?	Je ________ Manon. Et toi?
– Ich heiße auch Manon.	– Je m'appelle ________ Manon.
7. Valentin ist ein Freund von Clément.	Valentin est un ________ de Clément.
8. Béatrice ist eine Freundin von Louise.	Béatrice est une ________ de Louise.
9. Was, ein Kuss?	Quoi, une ________?

19 Les mots en deux

Complète les mots dans le tableau. (Setze die Wörter aus dem Silbenrätsel zusammen und schreibe sie in die Tabelle.)

le sport 	la musique 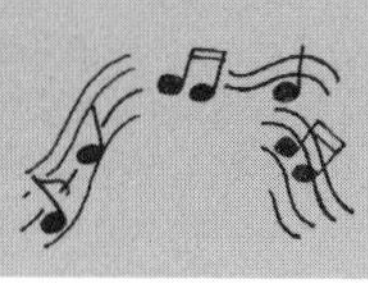
le ju _do_	la tech ____
le fo ____	le ro ____
le vé ____	la chan ____
le rug ____	le ____
la gymnasti ____	la musique classi ____

20 On parle!

Relie les questions aux réponses.
(Verbinde die Antworten mit den passenden Fragen.)

1. C'est qui?
2. Tu habites où?
3. Qu'est-ce que c'est?
4. Tu aimes la musique?
5. Qu'est-ce que tu aimes?

a. C'est un magasin.
b. C'est Léo.
c. 53, rue Nollet.
d. J'aime le foot et le rock.
e. Oui, j'aime la musique.

21 Qu'est-ce que c'est?

Mets les mots dans le bon groupe.
(Was gehört wohin? Welche Wörter verbindest du mit Musik, Sport und einer Buch- und Schreibwarenhandlung? Trage die Wörter in die richtige Spalte ein.)

TIPP
Einige Wörter kennst du vielleicht noch nicht. Diese kannst du aber aus dem Englischen ableiten.

le piano | le foot | le rap | un cahier | une chanson | la techno | la gymnastique | un journal | la musique classique | une BD | le judo | une gomme | le rugby | une guitare

la musique	le sport	la maison de la presse

22 Oui – Non

Relie les paires. (Finde die Paare.)

un frère | aimer | la maison | Super! | trouver

C'est une catastrophe! | l'école | une sœur | chercher | détester

23 Dans la maison de la presse

Regarde les dessins et écris les mots dans la grille. Attention, il y a un dessin en plus.
(Schau dir die Zeichnungen an und schreibe die Wörter in das Kreuzworträtsel.
Ein Bild ist zu viel. Wie heißt es auf Französisch?)

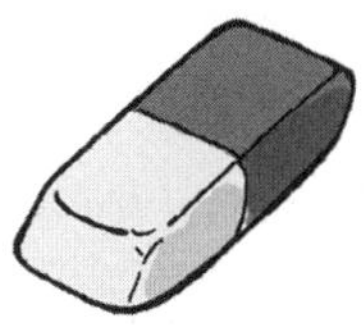

				1	G				
		2			A				
				3	B				
	4				R				
	5				I				
6					E				
	7				L				

Es bleibt: un __ __ __ __ __ __ __

24 Avec un accent?

Où sont les accents et les cédilles? Corrige les mots. Il y a 11 fautes.
(Im Französischen gibt es einige Sonderzeichen, aber der Drucker hat leider nicht alle Akzente und „cédilles" ausgedruckt. Kannst du die 11 fehlenden Zeichen ergänzen?)

TIPP

Akzente (´ ` ^) sind eine Besonderheit des Französischen. Präge sie dir gut ein, wenn du die Wörter lernst.
Und vergiss nicht: Eine „cédille" (ç) braucht man nur vor o, a, u, damit sie wie [s] ausgesprochen wird.

Voila madame Latiere, la grand-mere d'Alex. – Bonjour, madame, Alex est la? – Non. – Elle est ou? Elle est a l'ecole? – Non, elle est avec Marie. Elles ecoutent des chansons francaises avec des garcons. – Elles aiment les chansons? – Oui, mais elles detestent la techno.

25 Où sont les verbes?

Trouve les verbes. (Finde die versteckten Verben.)

ansehen | suchen | tragen | ankommen | finden | eintreten

1. DERRERGA ______ 2. CHHRECER ______ 3. RREPOT ______ 4. RARRIEV ______ 5. OURTREV ______ 6. ENTERR ______

26 Qu'est-ce qu'il fait?

Regarde les dessins et complète les phrases avec le bon verbe. (Schau dir die Bilder an und notiere den Infinitiv des Verbs. Ergänze anschließend die Sätze mit der konjugierten Verbform.)

1. travailler Elles ______ pour l'école.

2. ______ Tu ______ une chanson?

3. ______ Il ______ un livre.

4. ______ L'éléphant ______ dans la maison.

27 Qui est Thomas?

Complète le texte avec les mots suivants. (Vervollständige den Text mit den Wörtern rechts.)

1. Léa et Thomas sont frère et ______. Ils habitent ______ une maison ______ Brest dans la ______ Leclerc. Ils habitent là ______ Mme Lebrun. **2.** Mme Lebrun est la ______ de Thomas et Léa. **3.** Gaspard est l'______ de Thomas et il ______ Léa très ______ … Thomas et Gaspard ______ le sport, mais Léa déteste ______.

avec | aiment | dans | à | sœur | sympa | grand-mère | trouve | ami | ça | rue

Tout compris?

A *Coche la bonne solution.*
(Kreuze an.)

1. Malabar est ?

- [ ] le chat de Marie.
- [ ] le chien de Mme Latière.
- [ ] le chien de Léo.

2. Alex habite ?

- [ ] rue Nollet.
- [ ] dans le magasin de Mme Latière.
- [ ] dans la maison de la presse.

3. Jérôme est ?

- [ ] un copain d'Alex.
- [ ] le frère d'Alex.
- [ ] le frère de Marie.

4. Alex est ?

- [ ] un garçon.
- [ ] un chat.
- [ ] une fille.

5. Léo parle avec ?

- [ ] un magasin.
- [ ] une affiche.
- [ ] une dame.

6. Dans le sac de Marie, on trouve ?

- [ ] un livre.
- [ ] un vélo.
- [ ] une école.

B *Complète le texte en français.*
(Übersetze.)

1. Marie und Alex sind vor dem Geschäft von Mme Latière.	Marie et Alex sont ________________ de Mme Latière.
2. Der Junge ist auf der Straße.	Le garçon est ________________.
3. Der Hund geht in das Geschäft.	Le chien ________________ le magasin.
4. Die Katze ist in einem Karton.	Le chat est ________________.
5. Der Hund sucht die Katze.	Le chien ________________ le chat.
6. Was für eine Katastrophe!	C'est ________________!

STRATEGIE

Wörter merken
Wenn du ein neues Wort lernst, merke es dir am besten im Zusammenhang. Dafür ist die Randspalte des Vokabelverzeichnisses hilfreich. Schreibe einen kurzen Beispielsatz auf. Dann kannst du dir das Wort besser einprägen.

Exemple:
aimer – Tu aimes le rugby?
regarder – Léo regarde une BD.

TU TE RAPPELLES?

→ Unité 3

1. Das ist ein Geschäft in Paris.	C'est un ______ à Paris.
2. Léo sieht sich einen Comic an.	Léo ______ une BD.
3. Ein Mann spricht mit Malabar.	Un monsieur ______ Malabar.
4. Marie sucht Léo.	Marie ______ Léo.
5. Was ist das?	Qu' ______?
6. Ah, da bist du ja!	Ah, tu es ______!
7. Arbeitest du für die Schule?	Tu ______ pour l'école?
8. Wir haben Ferien.	On ______.
9. Lucie ist die Freundin von Anne.	Lucie est ______ d'Anne.
10. Ich wohne in Paris.	J'______ à Paris.
11. Was magst du?	______ tu aimes?
12. Bist du einverstanden?	Tu es ______?

28 Jeu de sons

Complète les mots. (Ergänze die Wörter durch den fehlenden Laut.)

TIPP

Schau dir die Beispiele in der jeweiligen Spalte an.

on ôt ~~am~~ en em eau in aim au an ~~on~~ ant ~~ain~~ ~~ô~~

[o]	[ã]	[ɛ̃]	[ɔ̃]
All *ô* ?	______ vie	______ viter	b *on*
gât ______	mainten ______	dem *ain*	______ ze
bient ______	ch *am* bre	f ______	
______ jourd'hui	Fr ______ ce		
	ens ______ ble		

29 L'anniversaire

son/sa/ses

Ecris les mots avec l'article indéfini.
*(Finde die Wörter und ergänze mit **un**, **une** oder **des**.)*

TIPP
Du kannst dir Wörter besser merken, wenn du sie in einem Wortnetz zusammenfasst. Lege ein Wortnetz zum Thema Geburtstag an.

1

2
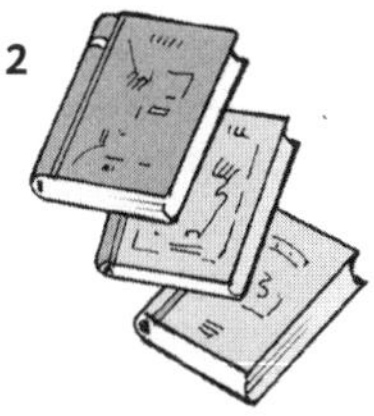
3

5

4

6

7

8

1. un ____________ 2. ____________ 3. ____________ 4. ____________

5. ____________ 6. ____________ 7. ____________ 8. ____________

30 Quand c'est mon anniversaire, …

Relie les mots qui vont ensemble. (Verbinde die Wörter, die zusammengehören.)

1. inviter
2. préparer
3. ranger
4. écouter
5. avoir

douze ans — un gâteau — des CD — ses copains — sa chambre

TIPP
Merke dir neue Verben immer in Verbindung mit anderen Wörtern.
So kannst du sie dir leichter einprägen.

31 Les copains ont faim!

Complète les phrases avec le bon verbe. (Vervollständige die Sätze mit dem passenden konjugierten Verb.)

manger — ranger — chanter — souffler — inviter — préparer

1. Quand c'est mon anniversaire, je ____________ ma chambre et maman ____________ un gâteau.
2. Quand le gâteau est là , j'____________ mes amis.
3. Quand mes amis arrivent, ils ____________ «Joyeux anniversaire».
4. Quand on chante, je ____________ les bougies sur le gâteau.
5. Et quand nous avons faim, on ____________ le gâteau. Mmm …

32 Voilà ma famille!

C'est moi! Je suis Nathan. Et voilà ma sœur Léa. Nous sommes les enfants d'Anne et de Laurent. Alors, Anne et Laurent sont nos (1). Le (2) de mon (3), c'est mon oncle Marc. Mon oncle Marc et ma (4) Sylvie ont aussi deux enfants, mes (5) Damien et Maxime. Les parents de mon père et de mon (6), ce sont mes (7). Mon (8) s'appelle Pascal et ma (9) s'appelle Yvonne. Alors, Yvonne, c'est la (10) de mon père. Ma (11) Léa est la (12) de Damien et Maxime. Et mon frère Quentin, il prend la photo!

Nathan présente sa famille. Lis le texte et complète les mots croisés. (Lies den Text und löse das Kreuzworträtsel.)

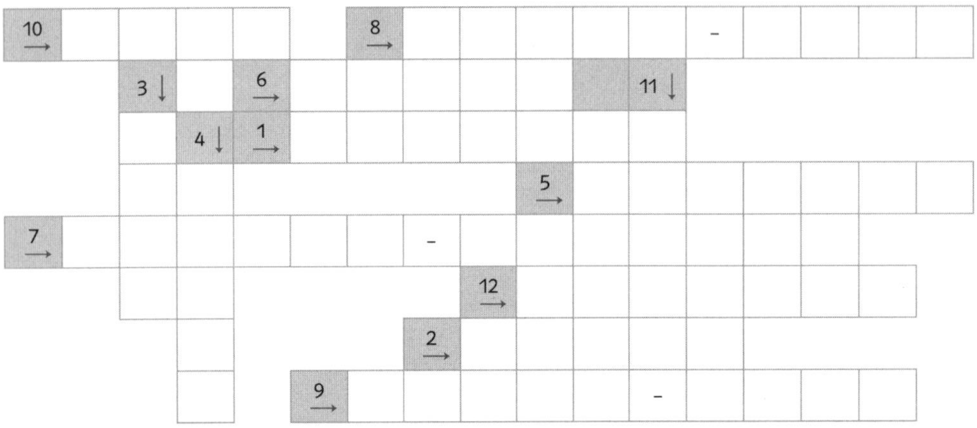

33 Et là, c'est qui?

Ecris maintenant les chiffres à la bonne place dans le dessin. (Trage die Zahlen aus dem Gitter der Übung 32 an der richtigen Stelle im Bild ein.)

34 Des cadeaux pour la famille

Relie en rimes les cadeaux et les noms. (Finde die Reime und verbinde die Geschenke mit den Personen .)

1. un ordinateur
2. un ballon de rugby
3. des crayons
4. un chat
5. un CD de techno
6. un CD de musique classique

- pour mon oncle Pedro
- pour ma tante Elodie
- pour ma cousine Manon
- pour ma sœur
- pour papa
- pour ma mère Frédérique

TIPP

Schau dir jeweils die letzten Silben an!

35 Tu arrives aujourd'hui?

Mets les lettres dans le bon ordre et complète le dialogue.
(Bringe die Buchstaben in die richtige Reihenfolge und ergänze den Dialog.)

Son père: Allô, Fabien? C'est papa.

Fabien: Papa? Tu es ______________ dans le train?

Son père: Non, je suis __________ en Allemagne.

Fabien: Oh, non, papa!!! __________, c'est mon anniversaire!

Son père: Ah, bon? Et tu as quel âge? Onze ans?

Fabien: Mais, non, papa!!! J'ai __________ DOUZE ans!!

Son père: Ohhh… Alors demain, on mange __________ le gâteau et …

Fabien: … et __________? On regarde un DVD, d'accord?

Son père: ______________, Fabien. Demain, c'est ton anniversaire et tu as 12 ans!

antainment
recone
inadem

ôttbien
bd'orda
iusp
neib rsû

36 Une surprise

Lis la quatrième de couverture de ce livre allemand, puis complète le texte en français.
(Lies dir den Klappentext des deutschen Buches durch. Vervollständige dann den französischen Text.)

KA

> Leonie hat heute Geburtstag. Doch ihre Mutter ist nicht da, weil sie in Frankreich arbeitet. Aber Leonie hat eine Idee. In zwei Stunden gibt es einen Zug von Köln nach Paris. Sie spricht mit ihrer Schwester Anna. „Hast du Lust, Mama zu sehen?" Na klar! Bald kommen die beiden Kinder zusammen in Paris an. Das ist eine Überraschung! …

A______________, c'est l'**a**______________ de Leonie. Mais sa **m**__________ n'est pas là. Elle travaille en **F**__________. Mais Leonie a une **i**__________. **I**__________ un **t**__________ de **C**ologne à Paris dans deux heures[1]. Elle parle avec sa **s**__________ Anna: «Anna, tu as **e**nvie de voir[2] maman?» Bien sûr! **B**ientôt, les deux **e**__________ arrivent à Paris **e**nsemble. Ça, c'est une **s**__________! …

37 dix, vingt, trente …

Ecris les résultats en chiffres.
(Übe Kopfrechnen! Schreibe die Ergebnisse als Ziffern auf.)

1. dix-neuf + neuf = 28

2. trente-six – dix-huit = __________

3. quinze + douze = __________

4. trois × neuf = __________

5. trente-six / quatre = __________

6. deux × quatorze = __________

7. (vingt + quatre) / deux = __________

8. onze × trois – seize = __________

9. trente / trois = __________

38 L'anniversaire de Moustique

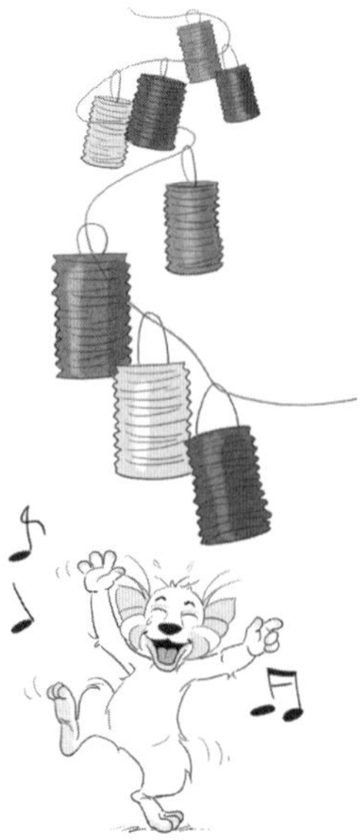

A *Ecris les noms des mois dans la grille et trouve le mois d'anniversaire de Moustique. (Schreibe die Namen der Monate in die Kästchen, um den Geburtsmonat von Moustique herauszubekommen.)*

					7				L	L		
				3			R					
		6		U								
				4				I				
			5		A							
		12	D									
10			T				E					

TIPP
Schau dir die Zahlen an. Sie stehen für die Monate, die gesucht werden.

B *Nenne die vier fehlenden Monate:* ______________________________

39 Ensemble

Retrouve les paires. (Finde die Paare. Schnüre die Luftballons zusammen.)

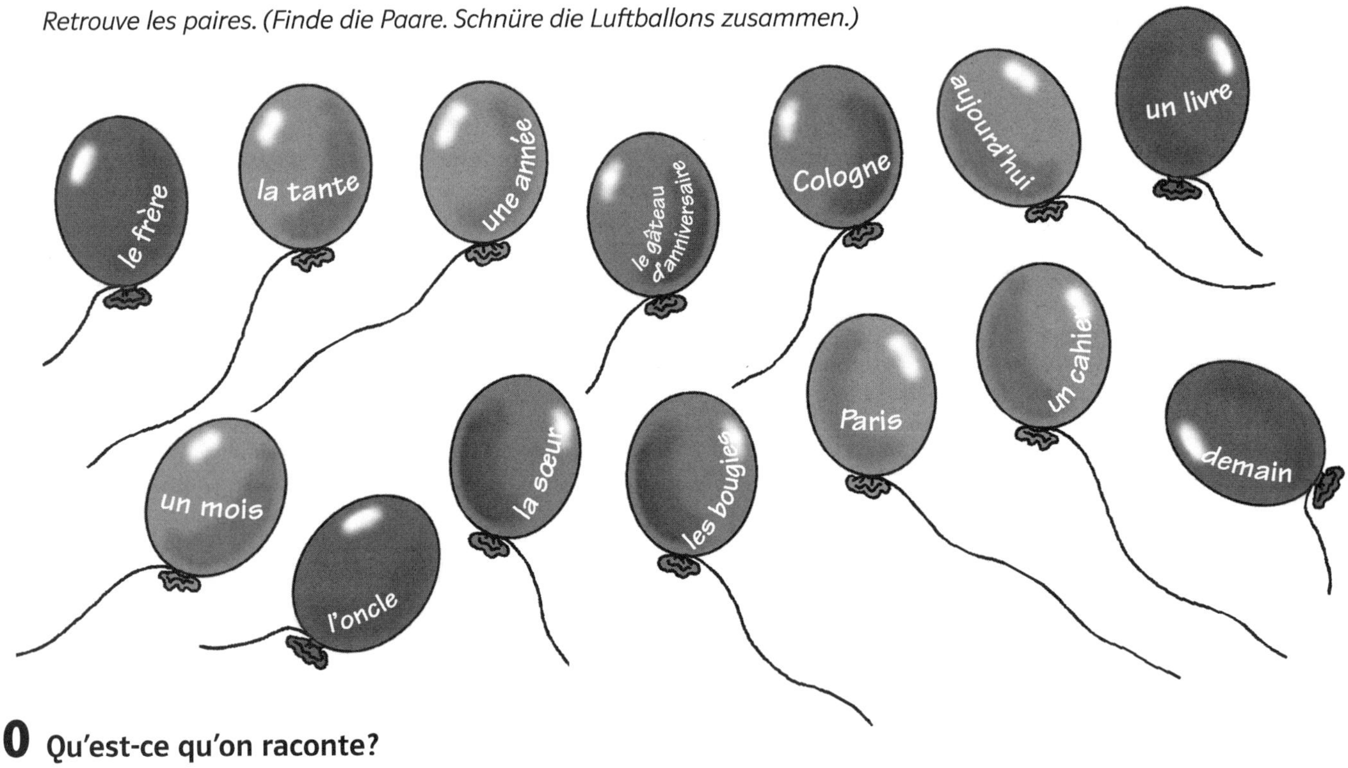

40 Qu'est-ce qu'on raconte?

Lis les situations. Complète les expressions.
(Was sagst du in folgenden Situationen? Finde den entsprechenden Ausdruck.)

1. Dein/e Freund/in aus Frankreich möchte dich einladen. Leider kannst du nicht kommen. Schade! — C'est ______________________!
2. Dein französischer Freund hat wieder mal eine unglaubliche Geschichte erzählt. Na, so was! — Ça ______________________!
3. Du möchtest wissen, was los ist. — Qu' ______________________?

Tout compris?

A *Traduis. (Übersetze.)*

1. ein Kuchen ______ **2.** eine Geschichte ______ **3.** ein Videospiel ______ **4.** ein Geschenk ______ **5.** eine DVD ______

B *Barre l'intrus. (Streiche den Eindringling durch.)*

manger	l'oncle	un CD	demain
premier	la tante	un jeu vidéo	ensemble
souffler	le frère	une famille	aujourd'hui
chanter	la bougie	un ordinateur	maintenant

C *Coche la bonne réponse. (Kreuze die richtige Lösung an.)*

1. Un livre, un ordinateur, un DVD… Ce sont

☐ des gâteaux.
☐ des cadeaux.
☐ des journaux.

2. La mère de mes cousins, c'est

☐ ma sœur.
☐ ma grand-mère.
☐ ma tante.

3. Quand c'est mon anniversaire, je

☐ range ma grand-mère.
☐ mange mon ordinateur.
☐ souffle les bougies sur mon gâteau.

4. Aujourd'hui, c'est le 2 novembre.

☐ Demain, c'est le 3 novembre.
☐ Maintenant, c'est le 3 novembre.
☐ D'abord, c'est le 3 novembre.

D *Ecris la date. (Schreibe das Datum in Worten auf.)*

le vingt-sept mars ______ ______ ______ ______

STRATEGIE

Lerne neue Wörter im Zusammenhang!
Häufig bringt man gerade die „kleinen" Wörter durcheinander. Versuche sie dir besser einzuprägen, indem du dir ganze Sätze oder sogar eine kleine Geschichte dazu ausdenkst. Schreibe dir solche Lernsätze in deinem Vokabelheft auf und wiederhole sie ab jetzt zusammen.

Hier einige Beispiele:

heute	*Aujourd'hui, je range ma chambre.*
morgen	*Demain, c'est mon anniversaire.*
zuerst	*D'abord, je range mes CD.*
noch	*Il y a encore mes livres!*
immer	*Toujours les livres!*
bald	*Bientôt, les copains arrivent.*

TU TE RAPPELLES? → Unité 4

1. Bald ist Léos Geburtstag.	C'est ____________ l'anniversaire de Léo.
2. Suchen wir gemeinsam nach einem Geschenk?	On cherche un cadeau ____________________ ?
3. Bist du morgen da?	Tu es là ____________ ?
4. Das ist schade!	C'est ________________ !
5. Frau Pirou bereitet einen Kuchen vor.	Mme Pirou prépare un ____________ .
6. Immer dasselbe Theater.	Toujours des __________________ .
7. Habt ihr Hunger?	Vous avez ____________ ?
8. Das Jahr hat 12 Monate.	L'____________ a 12 mois.
9. Mehdi ist 11 Jahre alt.	Mehdi ____________________ .
10. Marie hat am ersten März Geburtstag.	L'anniversaire de Marie, c'est le ____________ mars.

41 Ce ne sont pas mes affaires!

Cherche l'intrus.
(Finde in jeder Spalte den Eindringling.)

une minute	une interro	un cadeau	un CDI	un élève
une heure	la récréation	un rêve	une clé USB	une professeure
une journée	les devoirs	une surprise	un cahier	une main
un lit	un exercice	une place	un sac	une salle de cours

42 Un exercice de maths!

Calcule et écris la réponse en chiffres.
(Rechne und schreibe das Ergebnis in Zahlen auf.)

1. Trente + treize = 43
2. Cinquante-neuf – vingt-cinq = ____________
3. Vingt-neuf + ____________ = cinquante-sept
4. ____________ : cinq = douze
5. Sept x huit = ____________

43 Où sont les verbes?

Retrouve huit verbes et complète les phrases. ,
(Finde acht Verben und ergänze die Sätze.)

> **TIPP**
> Versuche immer, die Verben mit einem Objekt zu lernen, z. B.:
> *raconter une histoire*
> *préparer un gâteau*

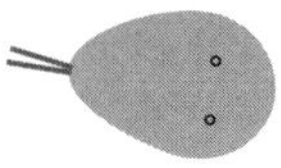

commencerfairerentrerallerretrouverraconterdiscutercliquer

1. ________________ des histoires
2. ________________ les cours à huit heures
3. ________________ sur Internet
4. ________________ à la maison après le collège
5. ________________ ses devoirs au CDI
6. ________________ ses copains devant la cantine
7. ________________ avec un copain
8. ________________ au collège avec le bus

44 On cherche nos affaires!

Regarde bien les images, puis relie les phrases.
(Schau dir die Bilder genau an und verbinde die Satzteile.)

1

2
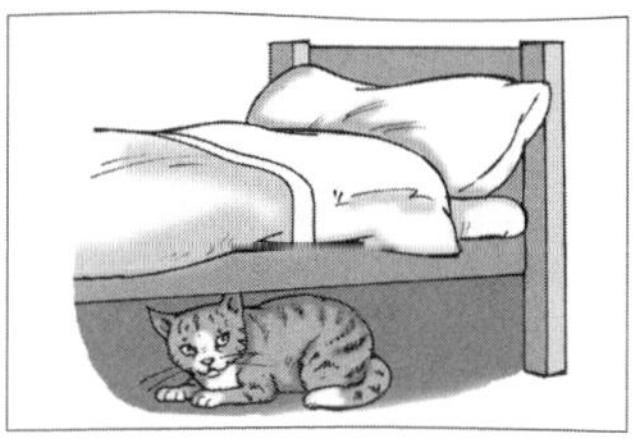

3
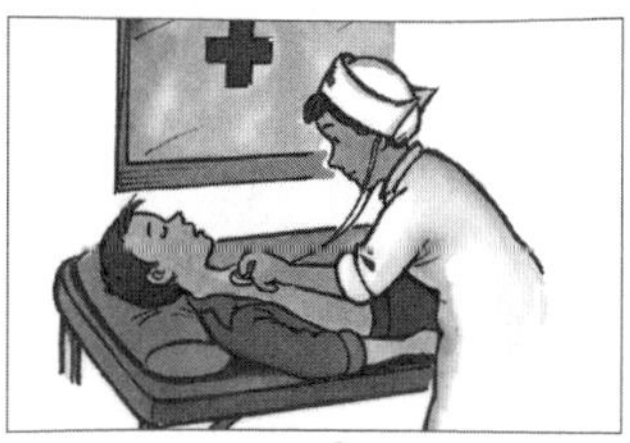

4

5

6

7

8

1. M. Robert est	dans	le lit.
2. Minou est	derrière	le train.
3. Un élève est	devant	la télévision.
4. Le chat est	sous	la salle de cours.
5. Le garcon	à	le lit.
6. La fille est	sur	l'infirmerie.
7. Moustique est		le carton.
8. Les élèves sont		la cantine.

45 L'alphabet top secret

Trouve les mots et complète l'alphabet top secret.
(Finde die Wörter und ergänze die unten stehende Symbolleiste.)

1. A l'école, il y a des profs et des ___ ___ ___ ♥ ___ ___.
2. Aïe! Mon pied! Je vais à l' ♦ ___ ___ ___ ___ ___ ___ ___ ___ ___.
3. Dans une heure, il y a 60 ___ ___ ___ ___ ♠ ___ ___.
4. Ouf! C'est la ___ ___ ___ ___ ___ ___ ___ ___ ___ ♣, alors les enfants jouent dans la cour.
5. Après le collège, à la maison, on fait les ☠ ___ ___ ___ ___ ___ ___.
6. Maintenant, tu fais un ___ ❄ ___ ___ ___ ___ ___ ___ dans ton cahier.
7. «On a maths demain?» – «Regarde dans ton ___ ☯ ___ ___ ___ ___ ___ ___ ___ ___ ___ ___ ↺»

46 Moustique est bizarre.

Complete l'alphabet secret de l'exercice 45 et trouve ce que dit Moustique.
(Ergänze den Geheimcode der Übung 45 und finde anschließend heraus, was Moustique sagt.)

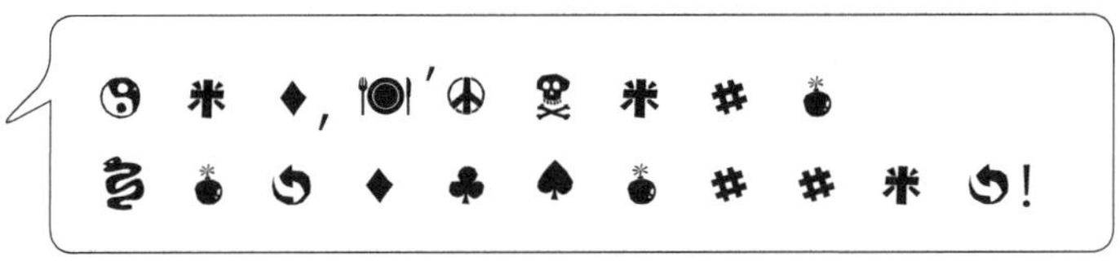

Solution: ______________ les ______________!

47 Un rendez-vous! Oui, mais à quelle heure?

Relie les rendez-vous avec les jours et les heures.
(Verbinde die Termine mit den richtigen französischen Wochentagen und Uhrzeiten.)

Sonntag	19.30
Mittwoch	11.45
Montag	14.15
Samstag	12.00
Freitag	20.30
Dienstag	16.25
Donnerstag	18.00

lundi	six heures
mardi	huit heures et demie
mercredi	sept heures et demie
jeudi	midi
vendredi	quatre heures vingt-cinq
samedi	midi moins le quart
dimanche	deux heures et quart

48 On range le collège.

Trouve les mots sur le thème du collège. (Bringe die Wörter um das Wortfeld „collège" wieder in Ordnung und füge den unbestimmten Artikel hinzu.)

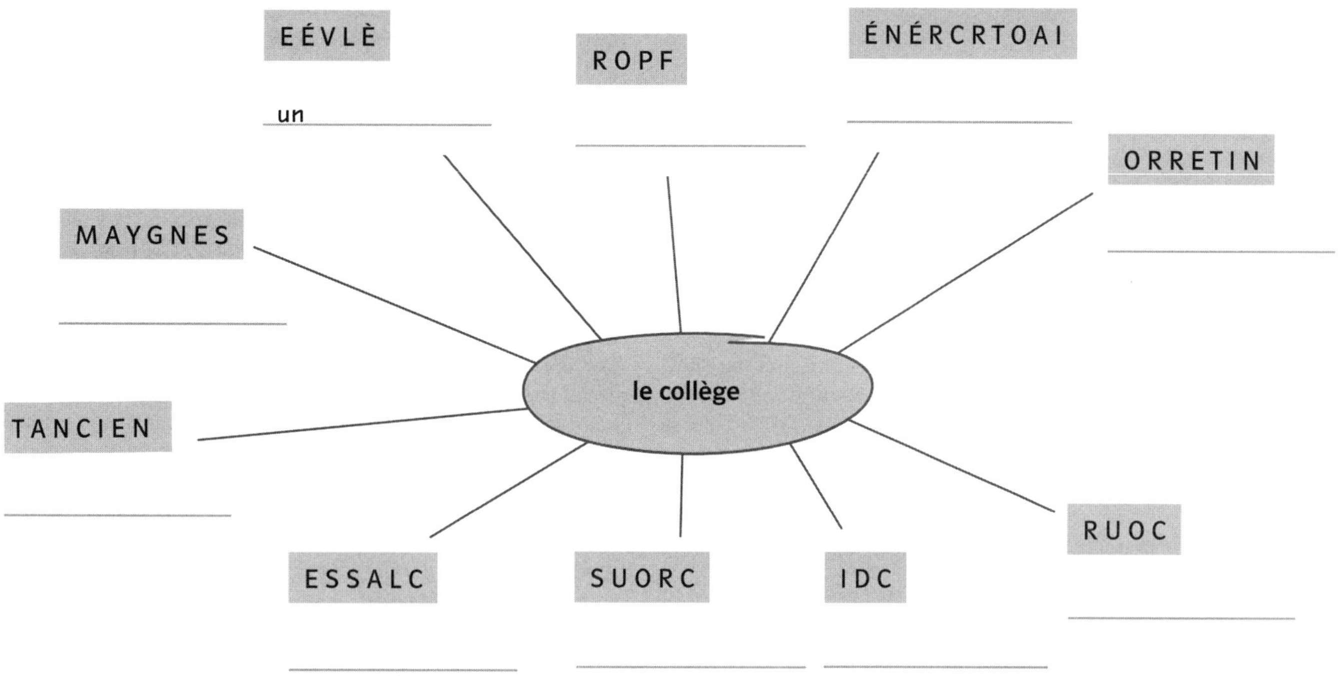

49 Questions pour un champion[1]

Lis les définitions et trouve les mots en français.
(Lies die Definitionen und finde die Wörter.)

1. Man kann dort lesen oder Bücher ausleihen. — le ☐☐☐
2. Darin kann man turnen, Basketball spielen usw. — le ☐☐☐☐☐☐☐
3. Ganz wichtig! Nach vier Stunden Unterricht wird man hungrig! Man geht gerne hin. — la ☐☐☐☐☐☐☐
4. Man muss sie nun mal schreiben, auch wenn keiner sie mag! — les ☐☐☐☐☐☐☐☐☐☐☐☐☐☐
5. Fuß verstaucht, zu viel gegessen, nichts wie hin! — l' ☐☐☐☐☐☐☐☐☐☐
6. Üben macht den Meister, deshalb machst du gerade eine in diesem Heft. — les ☐☐☐☐☐☐☐☐☐
7. Madame Racine, Madame Barette und die anderen… Ohne sie läuft gar nichts. Manche sind sogar richtig nett! — les ☐☐☐☐☐
8. Aber die echten Stars der Schule, das sind sie doch, oder!? Du und ich, wir gehören dazu! — les ☐☐☐☐☐☐

1 un champion ein Champion

50 A quelle heure?

Trouve l'heure. (Lies alle Uhrzeiten ab. Es fehlt eine Angabe. Kannst du sie ergänzen?)

1

Il est midi vingt

2

Il est trois heures.

Il est six heures et demie.

3

Il est midi.

4

5

Il est huit heures moins vingt.

6

Il est une heure et demie.

7

8

Il est huit heures moins dix.

Solution: Il est ______________________________.

51 Les sept familles

Trouve les familles et colorie les mots d'une famille de la même couleur.
(Finde die 7 Wortfamilien und male die fünf Wörter derselben Familie in einer Farbe an.)

la clé USB	samedi	une sœur	l'heure	sur
la minute	une mère	un gymnase	mardi	une cour
une cantine	huit heures et quart	bientôt	le jeu vidéo	une famille
devant	maintenant	derrière	une infirmerie	jeudi
un frère	la télévision	le DVD	aujourd'hui	une heure et demie
midi	toujours	demain	dans	un père
sous	mercredi	un CDI	l'ordinateur	dimanche

Tout compris?

A *Coche la bonne solution. (Kreuze die richtige Antwort an.)*

1. Der Unterricht hat bereits begonnen, als Tom ankommt!

- ☐ Il est en retard.
- ☐ Il est en récréation.
- ☐ Il est d'accord.

2. Du fragst nach der Uhrzeit.

- ☐ Qu'est-ce qu'il y a?
- ☐ C'est quand?
- ☐ Quelle heure est-il?

3. Es wird getratscht, du möchtest damit nichts zu tun haben.

- ☐ Je ne sais pas.
- ☐ Ce ne sont pas mes affaires.
- ☐ Excusez-moi.

4. Du hast eine Tasche gefunden. Wem gehört sie denn?

- ☐ Il est à qui?
- ☐ Qui est-ce?
- ☐ Qu'est-ce que c'est?

5. Es ist halb sechs!

- ☐ Il est six heures et demie.
- ☐ Il est cinq heures et demie.
- ☐ Il est cinq heures six.

6. Heute hast du Mathe um Viertel nach 9.

- ☐ J'ai un cours de maths à 9 heures et quart.
- ☐ J'ai un cours de maths à 9 heures moins le quart.
- ☐ J'ai un cours de maths à neuf heures et demie.

B *Traduis. (Übersetze.)*

1. Der USB-Stick ist hinter dem Computer. ______________________

2. Die Tasche ist unter dem Bett. ______________________

3. Die Lehrerin ist vor den Schülern. ______________________

C *Trouve les paires. (Verbinde die Paare.)*

élève · infirmerie · aujourd'hui · minute · une salle de cours · sous

professeur · une place · demain · gymnase · sur · heure

STRATEGIE

Mit Bildern lernt es sich besser
Es gibt verschiedene Möglichkeiten, sich neue Wörter zu merken. Vokabeln mit Bildern zu verkuppeln ist eine davon. Du kannst natürlich die Wörter mit ihren deutschen Entsprechungen lernen, aber du kannst auch ein Bild hinzufügen.

Wenn du kein begabter Zeichner bist, kannst du entsprechende Fotos (z. B. aus Katalogen, Prospekten oder dem Internet) suchen und in dein Vokabelheft kleben. So kannst du auch mehrere Wörter, die zusammenpassen, zusammen lernen.

TU TE RAPPELLES?

→ Unité 5

1. Heute haben sie eine Stunde Deutsch.	Aujourd'hui, ils ont un ________ d'allemand.
2. Er ist im Krankenzimmer.	Il est ________________.
3. Léo kommt zu spät.	Léo est ______________.
4. Was gibt es in der Kantine?	Qu'est-ce qu'il y a ________________?
5. Es ist sieben Uhr.	Il est ______________.
6. Er ist bei Alex.	Il est __________ Alex.
7. Léo geht ins CDI.	Léo __________ au CDI.
8. Mme Barette ist Deutschlehrerin.	Mme Barette est __________ d'allemand.
9. Léo geht zu seinem Platz.	Léo va à ______________.
10. Heute ist Mittwoch.	Aujourd'hui, c'est ______________.
11. Ich will nichts damit zu tun haben.	Ce ne ________________________.
12. Das tut man nicht! – Aber doch!	On ne fait pas ça! – __________!
13. Mehdi hat recht.	Mehdi ________________.
14. Macht ihr eure Hausaufgaben?	Vous faites vos __________?

52 Aïe!

Complète les mots avec les paires de voyelles suivantes.
(Vervollständige die Wörter und streiche die verwendeten Vokalpaare durch.)

la natat_____n	le dix-sept_____me
une p_____ce	la c_____sine
tout dr_____t	min_____t
la salle de b_____ns	un p_____d
le br_____t	je voudr_____s
les t_____lettes	un th_____tre

53 L'appartement

Complète le dessin. (Beschrifte das Bild.)

les toilettes | la cuisine | l'entrée | le salon | la chambre | la salle de bains

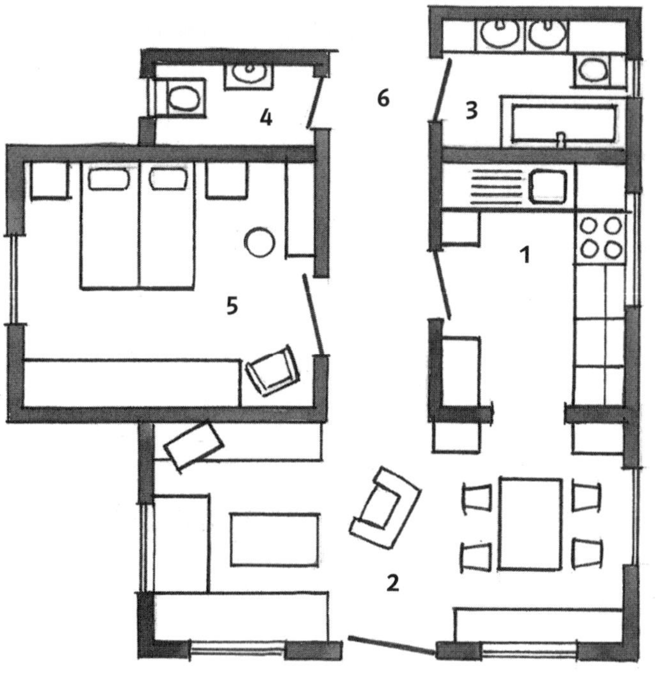

1. ______________________________
2. ______________________________
3. ______________________________
4. ______________________________
5. ______________________________
6. ______________________________

54 Chez Lucas

Lucas présente son appartement. Complète le texte avec le nom des pièces.
(Ergänze den Text mit den passenden Räumen.)

Il est 19 heures. Je suis dans ma ______________ et je fais mes devoirs. «A table!» Papa est dans la ______________ et prépare le repas du soir: des spaghettis. Super, j'arrive!! Maman a mal au pied, elle cherche un sparadrap[1] dans la ______________. Grand-père est dans le ______________: il regarde la télé. Ah, mon frère Pierre arrive: il est dans l'______________. Et mon chien Roxy. Où est Roxy? Il est aux ______________. Bizarre comme chien …

55 C'est où?

Trouve les endroits où on trouve les objets sur les images.
(Schreibe die Orte auf, an denen man die abgebildeten Dinge findet.)

1. un ______________________________
2. un ______________________ de crêpes
3. une ______________________________
4. la ______________________________
5. une ______________________________
6. un ______________________________

1 **un sparadrap** ein Pflaster

56 Qui dit quoi?

Qui dit quoi? Ecris les noms sur les cartes. (Wer sagt was? Schreibe die Namen auf die Karten.)

M. Leblanc möchte gerne bezahlen. | Stéphane ärgert sich ziemlich. | Lucas hat sich wehgetan.

Cora bedankt sich herzlich. | Mme Messadi verabschiedet sich von ihrer Tochter.

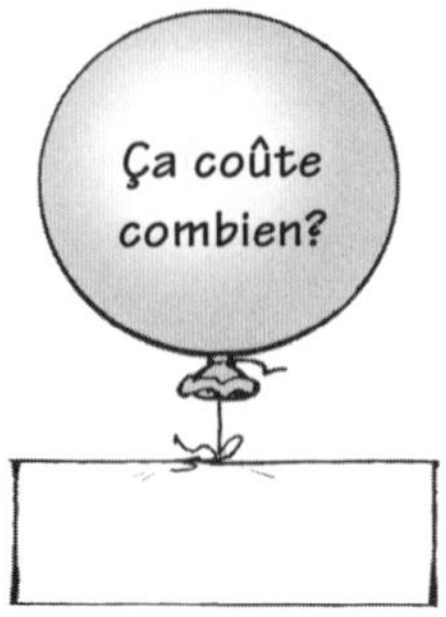

57 Les champions!

*Complète les activités avec **le, la** ou **l'**. (Vervollständige die Aktivitäten mit dem bestimmmten Artikel.)*

Claire	Jeanne	Victor	Jamel

la ____________	____________	____________	____________

Léa	Gabriel	Manon

____________	____________	____________

58 J'aime le sport!

*Complète les phrases avec **de** et l'article défini. (Ergänze die Sätze mit **de** und dem bestimmten Artikel.)*

Jamel fait du ____________. Léa, elle, fait ____________. Manon fait ____________.

Gabriel joue ____________. Jeanne fait ____________. Victor aime les sports

de combat: il fait ____________. Et Claire? Claire fait ____________.

59 On fait un tour dans le quartier?

Trouve les mots et complète le dialogue.
(Übersetze die Wörter und vervollständige den Dialog.)

- On fait un tour dans le ____________________?
- D'accord, on va faire du ____________________?
- Sur l'____________________?! Et les ____________________!
- … et avec le ____________________, c'est non! Tu as raison.
- Oh, regarde mon portable! J'ai un SMS de Samira. Elle est au ____________________.
- On prend un ____________________?
- Ah, non! Le parc n'est pas ____________________. Il est dans le 17e arrondissement. Ça fait 5 minutes ____________________!

Autos · Straße · Taxi · Lärm · weit · Park · zu Fuß · Inlinefahren · Viertel

60 Bonjour journée!

Welche Tageszeit ist gerade?

1. C'est le ____________________. **2.** ____________________ ____________________. **3.** ____________________ ____________________. **4.** ____________________ ____________________.

61 Tôt ou tard?

Traduis. (Übersetze.)

1. Es ist schon spät. — Il est ____________________.

2. Heute Abend spiele ich Gitarre. — ____________________, je fais de la guitare.

3. Samstags mache ich Judo. — ____________________, je fais du judo.

4. Ich verbringe die Nacht bei Marie. — Je ____________________ chez Marie.

5. Ist es schon Mitternacht? — Il est ____________________?

62 La vie dans le quartier

Trouve dans la grille les mots du quartier.
(Was findet man in einem Viertel? Finde 8 Wörter. Die Anfangsbuchstaben sind fett markiert.)

v	o	i	t	u	r	e	a	r	**b**	o	c	s	**t**
i	a	e	t	i	v	i	t	c	a	r	a	t	a
s	d	**c**	c	v	p	**p**	p	e	l	l	u	v	x
t	t	a	s	d	r	o	o	u	l	i	r	i	i
a	r	r	o	n	d	i	s	**s**	e	m	e	n	t
n	v	r	r	y	o	t	c	t	t	r	g	n	t
d	g	e	r	i	u	u	i	a	e	e	o	i	t
b	l	f	**p**	i	s	c	i	n	e	g	u	j	k
u	d	o	q	u	n	e	e	d	l	k	r	e	i
t	o	u	r	n	e	r	i	e	v	k	l	o	u
i	t	r	a	w	e	r	s	e	r	n	d	l	i

TIPP
Suche senkrecht ↕, waagerecht ↔ oder quer ↗!

1. un ______
2. ______
3. ______
4. ______
5. ______
6. ______
7. ______
8. ______

63 C'est où?

Boire et manger, activités ou appartement? Mets les mots dans le bon groupe. (Was gehört wohin? Welche Wörter verbindest du mit Essen und Trinken, Freizeitbeschäftigungen und Wohnen? Trage die Wörter in die richtige Liste ein.)

un diabolo menthe | le judo | une crêpe | une porte | des spaghettis | un salon | l'athlétisme

un jus de pomme | le petit-déjeuner | une pièce | une chambre | une salle de bains | la natation

la cuisine | le théâtre | un repas | une gaufre

64 Promos?!

Regarde les promos au stand de crêpes. Complète le dialogue entre un client et un vendeur. (Schau dir die Sonderangebote am Crêpes-Stand an. Vervollständige dann den Dialog.)

TIPP

Vergiss nicht, *euro* wird im Französischen angeglichen: *1 euro – 2 euros*

- Bonjour, qu'est-ce que tu p______________________?
- Je v______________________ une crêpe, s'il vous plaît.
  Ça fait ______________________?
- Une crêpe, c'est 2,20 €. Mais avec un ______________________,
  ça fait quatre euros soixante pour toi.
- Merci, mais c'est trop. Je prends une crêpe.
- Mais avec un ______________________, c'est trois euros soixante-dix.
- Non merci. Une crêpe, s'il vous plaît!
- Une crêpe et une ______________________ pour trois euros soixante?
- Merci, mais je n'ai pas soif, monsieur. Je prends une crêpe!
- Tu n'as pas soif? Alors, une crêpe et une ______________________ pour
  quatre euros quatre-vingt-dix?
- Zut! Le stand, c'est la catastrophe aujourd'hui! Au revoir!

Promos	
crêpe & gaufre	4,90 €
crêpe & eau minérale	3,60 €
crêpe & coca	4,10 €
crêpe & jus de pomme	3,70 €
crêpe & diabolo menthe	4,60 €

65 Je cherche une boulangerie, s'il vous plaît!

Regarde les dessins et explique le chemin. (Schau dir die Bilder an und erkläre den Weg.)

1. D'abord, va ______________________.

2. Puis, ______________________.

3. ______________________ l'avenue de Clichy.

4. Puis, ______________________ à ______________________.

5. Au ______________________, il y a un café. Et là, il y a une boulangerie.

Tout compris?

A *Barre l'intrus. (Streiche den Eindringling durch.)*

l'athlétisme	à gauche	le salon	un euro
le judo	tourner	le vendeur	Ça coûte combien?
la photo	tout droit	l'entrée	Ça fait …
la natation	porter	la cuisine	gagner

B *Regarde le plan et coche la bonne réponse. (Kreuze an.)*

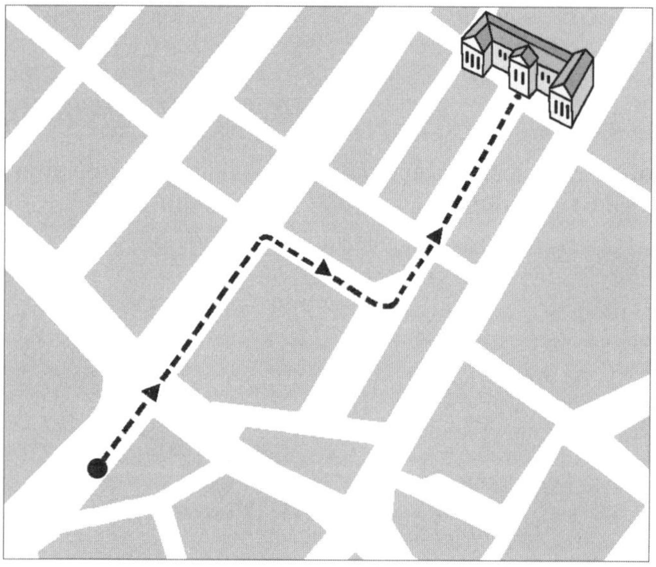

D'abord, je
- ☐ tourne à gauche.
- ☐ traverse le carrefour.

Puis, je
- ☐ tourne à droite.
- ☐ tourne à gauche.

Je
- ☐ tourne à gauche.
- ☐ vais tout droit.

Puis, je
- ☐ tourne à droite.
- ☐ vais tout droit.

C *Relie les phrases. (Verbinde die Sätze miteinander.)*

1. Manon aime les combats.
2. Elise va à la piscine.
3. Julie aime la musique.
4. Théo aime les films.
5. Nicolas aime le sport.

a) Il/Elle joue de la guitare.
b) Il/Elle va aussi au théâtre.
c) Il/Elle fait du judo.
d) Il/Elle joue au foot.
e) Il/Elle fait de la natation.

STRATEGIE

Lege Wortnetze an!
Wortnetze helfen dir, die Vokabeln zu einem bestimmten Thema oder Wortfeld sicher zu beherrschen. Lege dir zu verschiedenen Themen auf große leere Blätter Wortnetze an, z. B. zum Thema Wohnen oder Aktivitäten. Achte darauf, dass du dort nicht nur Nomen einträgst, sondern auch passende Verben oder Adjektive hinzufügst. Bewahre die Wortnetze gut auf. Wenn später neue passende Wörter gelernt werden, kannst du sie dort mit eintragen. So siehst du, wie dein Wortschatz wächst!

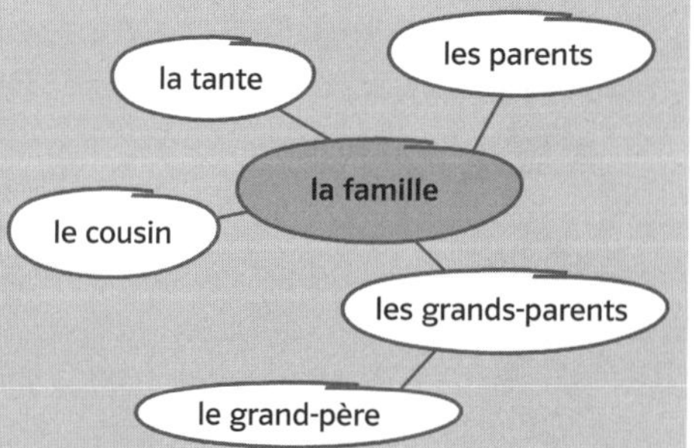

TU TE RAPPELLES? → Unité 6

1. Es gibt Freizeitaktivitäten für jeden / alle.	Il y a des activités pour ______________.
2. Marie wohnt nicht weit weg.	Marie n'habite pas ______________.
3. Sie wohnen in einer Vierzimmerwohnung.	Ils habitent dans un ______________ de quatre ______________.
4. Ich möchte / würde gern fernsehen.	Je ______________ regarder la télé.
5. Was für einen Sport machst du?	Qu'est-ce que tu fais ______________ sport?
6. Biege links ab.	Tourne à ______________.
7. Geh geradeaus.	Va ______________.
8. Wie fällst du?	______________ tu tombes?
9. Auf dem Handy von Léo ist eine SMS von Marie.	Sur le ______________ de Léo, il y a des SMS de Marie.
10. Wie viel kostet das?	______________ ça coûte?

66 Ce ne sont pas mes couleurs!

Complète la grille. (In welchen Farben sollten die Zeichnungen sein? Vervollständige das Kreuzworträtsel mit den Farben der dargestellten Sachen und finde das Lösungswort passend zum Thema.)

1

2
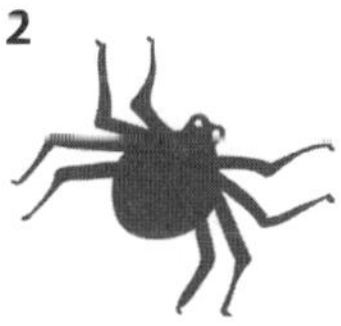

3

1		L					
		2					R
	3		O				
		4			E		
		5					T
	6		A				
		7					S

4
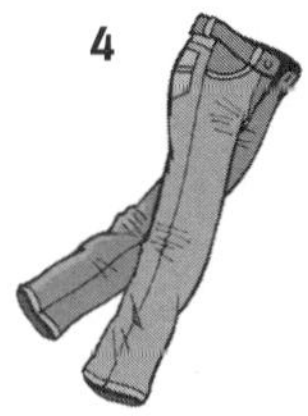

5

6

7

J'aime les __ __ __ __ __ __ __ __ s!

TIPP

Um die Farben zu lernen, kannst du sie auch in deinem Vobabelheft in den jeweiligen Farben aufschreiben!
noir - blanc

67 Qu'est-ce que tu portes?

Qu'est-ce que Baptiste et Mme Leclerc portent? Trouve les mots.
(Was tragen Baptiste und Mme Leclerc? Trage die Wörter ein.)

lonpanat

un ______________________

tsithr-

____

ttequecas

____

ketbass

____

bero

une ______________________

evste

____

eauhacp

____

asruessuhc

____

68 Des problèmes?

Trouve les lettres qui manquent et complète les mots. (Ergänze die Wörter.)

1. Aujourd'hui, c'est la f□t□ n□t□□n□l□.

Il y a un gr□nd b□l populaire et un f□□ d'□rt□f□c□.

Les g□ns vont d□ns□r!

2. Annie a r□nc□ntr□ un garçon super! Il porte toujours une

c□squ□tt□ v□rt□ et des b□sk□ts r□□g□s.

Il aime bien r□g□l□r. C'est cool!

3. Dans le train, M. Deluc a un pr□bl□me: où est son ticket[1]?

Le c□ntr□l□□r arrive. Il cherche dans sa v□st□! Rien.

C'est l'□rriv□□, le train entre dans la g□r□.

Et voilà, M. Deluc trouve son ticket. □□f!

---

1 un ticket (*hier*) ein Fahrschein

69 C'est les vacances!

Emilie prépare ses vacances, mais un peu trop vite.
(Vergleiche die Liste mit dem Inhalt des Koffers. Kreuze an, was dabei ist.
Achte auch auf die richtigen Mengen und Farben.)

Dans ma valise, je mets:

- ☐ la casquette verte
- ☐ un pantalon noir
- ☐ trois jeans bleus
- ☐ mes baskets rouges
- ☐ deux chemises blanches
- ☐ mon pull vert et rouge
- ☐ ma robe bleue
- ☐ mon chapeau rouge et vert
- ☐ mon anorak gris
- ☐ trois t-shirts blancs
- ☐ deux t-shirts gris
- ☐ ma jupe verte
- ☐ ma veste jaune
- ☐ un t-shirt vert
- ☐ mes chaussures noires
- ☐ mon sac noir

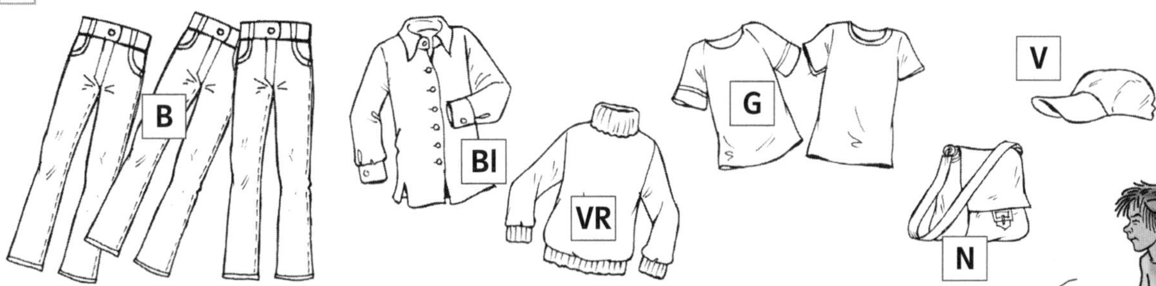

B	Bl	R	N	V	J	G
bleu	blanc	rouge	noir	vert	jaune	gris

70 Alors, on range?

Trouve les 12 mots et sépare-les. (Trenne die Wörter durch einen Strich ab.)

balcontrôleurjeanarrivéerobedanserchemisevestefeudartificegarechantervacances

71 On fait la fête?

Range les mots de l'exercice 70 dans la bonne liste. Ajoute les articles. Entoure le mot qui reste.
(Trage die Wörter aus der Übung 70 in die passende Liste ein. Füge die Artikel hinzu.)

feiern	sich anziehen	wegfahren
______	______	______
______	______	______
______	______	______
______	______	______

72 Les petits mots

Alors, on schmountz?! Remplace ce mot par un mot qui correspond à la situation. (Ersetze die Schmountz-Wörter durch passende Wörter aus der unten stehenden Auswahl. Schreibe die „Schmountz"-Nummer auf.)

☐ enfin ☐ très ☐ après ☐ surtout ☐ peut-être ☐ aussi

☐ avant ☐ quoi? ☐ hier ☐ quand? ☐ pour

– Je vais à Paris avec mon père en TGV **SCHMOUNTZ (1)** le feu d'artifice!
– **SCHMOUNTZ (2)** ?
– Demain! C'est le 14! Il y a une fête et un bal!

– Génial, je peux venir **SCHMOUNTZ (3)** ? A Paris pour la fête nationale, c'est cool!
– **SCHMOUNTZ (4)** . Je vais demander à mon père!

Après l'arrivée à Paris:
– **SCHMOUNTZ (5)** … voilà la tour Eiffel!
– Waouh, elle est **SCHMOUNTZ (6)** grande!

– Waouh! La belle … bleue!!
– **SCHMOUNTZ (7)** ? Il y a trop de bruit!

– Tu as aimé le 14 juillet à Paris **SCHMOUNTZ (8)** ?
– Oui, **SCHMOUNTZ (9)** le feu d'artifice!

– Qu'est-ce que vous avez fait **SCHMOUNTZ (10)** le feu d'artifice?
– On a mangé. Et **SCHMOUNTZ (11)** le feu d'artifice, on a dansé. Et regarde, on est dans le journal.

73 Les mots font la fête!

Cherche les adjectifs. (Bilde Adjektive aus dem Silbenrätsel.)

mau – der – con – té – blan – nier – vais – che – tent – tit – sant – pe – res – in

______________ ______________ ______________

______________ ______________ ______________

74 Les mots rigolent!

Cherche les contraires des adjectifs suivants. (Findest du die Gegensätze folgender Adjektive?)

1. bon ≠ ______________ **4.** triste ≠ ______________

2. premier ≠ ______________ **5.** grand ≠ ______________

3. nul ≠ ______________ **6.** noire ≠ ______________

75 Des verbes pour les vacances

Relie les verbes. (Verbinde die deutschen Verben mit ihren französischen Entsprechungen.)

helfen | sprechen | treffen | anrufen | geben | fragen | bleiben | zeigen

aider | montrer | donner | demander | téléphoner | rencontrer | parler | rester

76 Devinette[1]

Regarde les dessins et trouve les mots. (Finde die Wörter.)

1

4

2

3

5

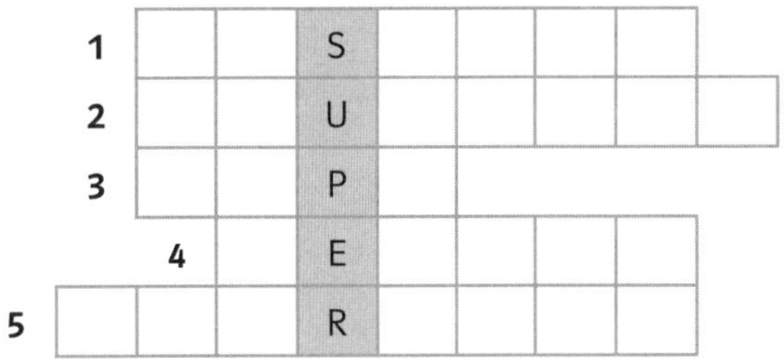

77 En France!

Trouve les mots à l'aide des définitions et des illustrations.
(Fülle die Lücken anhand der Definitionen und der Illustrationen.)

1. der französische Schnellzug

le ______________________

2. ein berühmtes Museum in Paris

le ______________________

3. der französische Nationalfeiertag

le ______________________

4. das berühmteste aller Pariser Gebäude

la ______________________

---

1 une devinette *(hier)* ein Rätsel

Tout compris?

A *Coche la ou les bonnes solutions. (Kreuze die richtige(n) Antwort(en) an.)*

1. Il y a des gens qui dansent. C'est
- ☐ un problème.
- ☐ une gare.
- ☐ un bal.

2. Le 14 juillet en France, il y a
- ☐ la fête nationale.
- ☐ le premier jour des grandes vacances.
- ☐ des feux d'artifice.

3. Qu'est-ce qu'on peut mettre sur sa tête *(Kopf)*?
- ☐ un chapeau
- ☐ une casquette
- ☐ une veste

4. Quelles sont les couleurs du drapeau français *(Welche sind die Farben der frz. Flagge)*?
- ☐ bleu blanc rouge
- ☐ noir rouge jaune
- ☐ vert rouge blanc

5. Le mot français pour *E-mail*, c'est
- ☐ problème.
- ☐ courriel.
- ☐ couleur.

6. Bushido, Justin Bieber et Orelsan sont des
- ☐ chanteurs.
- ☐ sœurs.
- ☐ classeurs.

B *Est-ce que ce sont des contraires (≠) ou des synonymes (=)? Mets les symboles ≠ ou = dans le tableau. (Handelt es sich um Gegenteile (≠) oder Synonyme (=)? Trage das passende Symbol ein.)*

1. bise		bisou	**2.** noir		blanc	**3.** dernier		premier
4. appeler		téléphoner	**5.** avant		après	**6.** triste		content

STRATEGIE

2 Stratégies pour les adjectifs!

I Gegenteile ziehen sich an ...
Gerade bei Adjektiven ist es sinnvoll, die Vokabeln paarweise zu lernen.
Man kann Gegenteile zusammen lernen:

petit ≠ grand oder triste ≠ content

und den Wörtern ein Symbol als Lernhilfe hinzufügen

triste ☹ ≠ content ☺ / bon 👍 ≠ mauvais ☠

II Was für ein Theater!
Lies einzelne Wörter laut vor und versuche sie ausdrucksvoll zu sprechen – eventuell auch mit Gestik, sodass ihre Bedeutung dadurch klar wird.

TU TE RAPPELLES? → Unité 7

1. Der kleine Gabriel ist wirklich traurig!	Le petit Gabriel est ________________ triste.
2. Marie, du hilfst immer allen.	Marie, tu ________________ toujours tout le monde.
3. Die Leute gehen auf den Ball und tanzen auf der Straße.	Les gens vont ____________ et ____________ dans la rue.
4. Das ist super, sympathische Leute wie dich zu treffen.	C'est super de ________________ des gens sympas comme toi!
5. Das andere Mädchen ist ihre Schwester.	________________ fille, c'est sa sœur.
6. Die Musik ist nicht schlecht. Sie ist gut!	La musique n'est pas ____________. Elle est ____________.
7. Wir haben meine kleine Schwester und meinen kleinen Bruder gesucht.	Nous avons cherché ma __________ sœur et mon __________ frère.
8. Clara bleibt hier und räumt auf.	Clara __________ ici et range.

78 Les moyens de transport

*Ecris les mots avec l'article défini **le, la** ou **l'**. (Schreibe die Wörter mit dem bestimmten Artikel **le, la** oder **l'**.)*

1. Flugzeug	l'					V			
2. Metro						O			
3. Zug						I			
4. Taxi						T			
5. Bus						U			
6. Bahnhof						R			
7. Fahrkarte						E			

79 Le métro ou le vélo?

Complète les phrases avec les mots de l'exercice 78.
(Vervollständige nun die Sätze mit den Wörtern aus der Übung 78.)

Pour aller au collège, je ne prends pas ____________. Il ne va pas vite! Alors, je prends ________________ à la station Louvre. Ma sœur aime le sport, alors elle va au collège en ______________. Pour aller travailler, mon père prend ______________ à la gare du Nord, mais aujourd'hui, il est en retard. Alors, il prend ______________ : c'est cher mais ça va plus vite! Et ma mère? Elle va demain à Berlin. C'est loin, alors, elle va prendre ______________.

80 Quel est ce son?

Souligne le ou les mot(s) qui contiennent le son indiqué.
(Unterstreiche die Wörter, die den angegebenen Laut enthalten.)

1. [s] wie **s**œur	bise – Défense – bus – maison – musée – visiter
2. [õ] wie N**on**	moyen – station – assistant – enfant – avion - froid
3. [e] wie Lé**o**	métro – ticket – cher – chez – arrivée – marché
4. [ʒ] wie fr**è**re	génial – neiger – kilomètre – leçon – mauvais – beau
5. [ʒ] wie bon**j**our	chose – collège – marché – journée – gare – écologique

81 Au marché aux puces

Complète le dialogue. (Vervollständige den Dialog. Die Wörter an der Seite können dir helfen.)

le vendeur: Bonjour, mademoiselle. ______________________________?

la cliente: Je cherche ________________ pour une amie. Vous avez une idée?

le vendeur: Qu'est-ce qu'elle aime? Des livres, des affiches? J'ai ______________ choses intéressantes.

la cliente: Non, elle n'aime pas ____________. Mais elle adore ____________ des cartes postales.

le vendeur: ____________________. J'ai par exemple des cartes de la tour Eiffel, du Louvre …

la cliente: Vous avez aussi des cartes du Parc Astérix?

le vendeur: ______________, je n'ai plus de cartes du parc.

la cliente: C'est dommage. Mon amie ____________ le Parc Astérix.

Wünschen Sie etwas?

ein Andenken

viele

lesen

schreiben

kein Problem

es tut mir leid

mag sehr gerne

82 L'intrus

Barre l'intrus dans chaque liste. (Streiche jeweils den Eindringling durch.)

froid	reportage	million	musée
vent	moyen de transport	mois	touriste
mauvais	ticket	jour	cathédrale
moderne	station	heure	ville
pleuvoir	métro	minute	visiter
neiger	bus	semaine	assistant

83 Quel temps fait-il?

Relie les phrases avec les dessins. (Welcher Satz passt zu welchem Bild? Verbinde die Paare.)

1 2 3 4 5 6

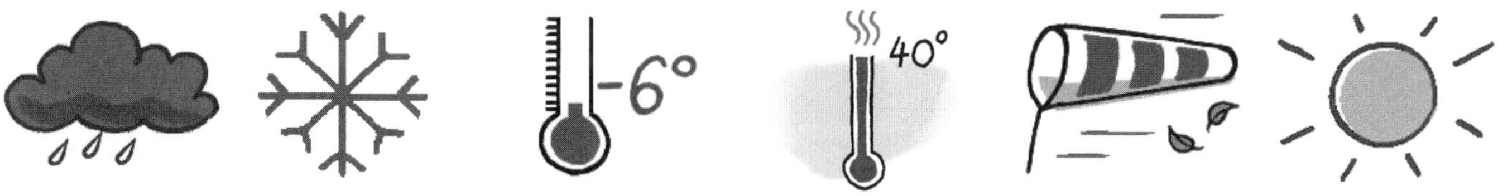

Il fait beau. | Il fait froid. | Il fait chaud. | Il pleut / Il fait mauvais. | Il neige. | Il y a du vent.

84 Il fait beau?

Quel temps fait-il à Paris aujourd'hui? (Wie ist das Wetter heute in Paris? Ergänze den Wetterbericht.)

matin	après-midi	soir
10°	15°	0°

A Paris ce matin, il fait très mauvais, ______________ et il y a ______________. L'après-midi, il fait ______________, nous avons un grand soleil d'automne. La température: ______________ !

Mais attention pour le soir. Il fait très ______________ et il ______________ !

Alors, prenez un pull!

85 Une carte postale de Paris

Complète la carte postale avec les mots suivants. (Ergänze die Postkarte mit folgenden Wörtern.)

touristes | visiter | il fait beau | chère | souvenir | fantastique | adore | pleut | bises

1. ______________ Julie, Paris, le 5 / 6 / 2013

Un grand bonjour de Paris.

2. Oui, je suis ici avec ma cousine, et demain, nous allons ______________ la tour Eiffel, comme des ______________.
3. A Paris, ______________ : il fait chaud, et il ne ______________ pas.
4. J' ______________ la vue ______________ de la tour Eiffel. C'est génial!
5. Je vais chercher un super ______________ de Paris pour toi.

____

Lola

Lola Martin
24, rue des des champs
75006 Paris

86 M. et Mme Leroi à Paris

Les Leroi passent trois jours à Paris. Lis les situations et trouve ce qu'ils disent.
(Lies die Situationen und finde heraus, was M. und Mme Leroi dazu sagen könnten.)

désolé(e) | fatigué(e) | faim | la queue | soif | beaucoup mieux

M. et Mme Leroi font ______________ deux heures devant la tour Eiffel.

Mme Leroi: Oh là là, mes pieds… Je suis ______________ et j'ai ______________ !

M. Leroi: Zut, j'ai oublié les sandwiches à l'hôtel et le restaurant de la tour Eiffel est très cher.

Madame Leroi n'est pas contente.

M. Leroi: Je suis ______________ Catherine!

Dans le métro, il fait très chaud et il y a beaucoup, beaucoup de gens!

Mme Leroi: J'ai mal au cœur et j'ai très ______________ maintenant.

M. Leroi: Voilà de l'eau.

Enfin, à 19 heures, les Leroi trouvent un petit restaurant du 17e arrondissement. Ce n'est pas cher et c'est très bon!

Mme Leroi: Ah, je vais ______________ .

87 Une leçon en 10 questions

Trouve les mots. (Finde die Wörter und trage sie in das Gitter ein.)

1. Sept jours.
2. Ils lisent le journal, ce sont des ? .
3. Mille mètres
4. Sur elle, on peut traverser Paris en bateau.
5. C'est un autre mot pour magasin.
6. Quand on pose une question, on veut une ? .
7. Au restaurant, on peut manger et ? .
8. A Paris, c'est ? pour les enfants dans les musées.
9. Quand beaucoup de gens sont devant un magasin ou un stand, il y a une ? .

Mot mystère: __ __ __ __ __ __
5 8 6 4 1 9

88 En reportage

Tu es un bon journaliste? Relie les définitions aux mots.
(Wärst du ein guter Reporter? Verbinde die Definitionen mit den richtigen Begriffen.)

1. Quand on pose des questions à une personne.
2. Pour ne pas oublier les questions, on peut faire une …
3. Il aide le journaliste.
4. Ils lisent le journal.
5. Pour écrire un reportage, on cherche …

a) des informations
b) une liste
c) une interview
d) un assistant
e) les lecteurs

89 J´ai faim!

Numérote les bulles pour obtenir un dialogue dans l'ordre chronologique.
(Nummeriere die Antworten und Fragen in einer logischen Reihenfolge, sodass ein Dialog entsteht).

- Bonjour. Vous désirez? [1]
- Ce n'est pas cher. Voilà. [ ]
- Non, merci. Ça fait combien? [ ]
- Oui, avec du sucre, s'il vous plaît. Et je prends un diabolo menthe aussi. [ ]
- Je voudrais une crêpe, s'il vous plaît. [ ]
- Avec un peu de sucre? [ ]
- Voilà. Vous désirez autre chose? [ ]
- 3,10 €, s'il vous plaît. [ ]
- Au revoir, merci. Bonne journée. [ ]

Tout compris?

A *Coche la bonne réponse. (Kreuze die richtige Antwort an.)*

1. Le Louvre est
- ☐ une boutique.
- ☐ un musée.
- ☐ une cathédrale.

2. Paris est une grande
- ☐ ville.
- ☐ endroit.
- ☐ semaine.

3. Aujourd'hui, il fait chaud:
- ☐ Il pleut.
- ☐ Il neige.
- ☐ Il fait beau.

4. On peut prendre le métro
- ☐ à une station.
- ☐ à un bureau.
- ☐ en avion.

5. Au marché aux puces,
- ☐ on trouve des fruits.
- ☐ Il y a des tickets.
- ☐ c'est pas cher.

6. Notre-Dame est
- ☐ un musée.
- ☐ un marché.
- ☐ une cathédrale.

7. La Défense est
- ☐ un quartier moderne.
- ☐ une cathédrale.
- ☐ un musée.

8. Au Louvre, il y a
- ☐ beaucoup de touristes.
- ☐ peu de touristes.
- ☐ pas de touristes.

B *Trouve les mots et complète le texte. (Bringe die Buchstaben in die richtige Reihenfolge und ergänze die Sätze.)*

1. J'_______________ les _______________ sur la tour Eiffel.

2. Pour aller au _______________, je prends le bus ou le _______________ et je vais à la _______________ Louvre-Rivoli.

3. Nous allons _______________ Paris en vélo. C'est un _______________ de transport _______________.

4. Le Louvre est un grand _______________ où vont beaucoup de _______________.

ODERA / BUTISOQUE
ERVOLU / TRÉMO
OINSTAT
SVITIRE / YONEM
GÉOCOLIQUE
EÉMUS / TTISESOUR

STRATEGIE

Gemeinsam lernen
Wenn du eine neue Unité des Schülerbuchs lernst, kannst du gut mit deiner Partnerin / deinem Partner arbeiten. Mit Hilfe eurer Vokabelkärtchen oder eurem Lehrbuch könnt ihr euch gegenseitig abhören, zu Hause, im Bus, auf dem Schulhof usw. Ihr könnt euch für jedes richtige Wort Punkte geben.

TU TE RAPPELLES?

→ Unité 8

1. Kennt ihr die Pariser Sehenswürdigkeiten?	Vous connaissez les ______ de Paris?
2. Er bereitet eine Reportage über unsere Stadt vor.	Il prépare un ______ sur notre ville.
3. Sie werden interessante Orte besichtigen.	Ils vont visiter des ______ intéressants.
4. Der Louvre ist ein großes Museum in Paris.	Le Louvre est un grand ______ à Paris.
5. Auf dem Eiffelturm ist es windig.	Sur la tour Eiffel, il ______.
6. Unten am Eiffelturm suchen sie den Hut.	______ de la tour Eiffel, ils cherchent le chapeau.
7. In Paris ist schlechtes Wetter.	A Paris, il ______.
8. Mir ist schlecht.	J'ai ______.
9. Ich habe keine Fahrkarte für die Metro.	Je n'ai ______ ticket pour le métro.
10. Kein Problem!	______ problème.

90 Bienvenue en Suisse!

Trouve les mots sur le thème de la Suisse et du Pays de Gex. (Finde die Wörter zum Thema Schweiz und Pays de Gex.)

cla | echav | uraJ | erondanné | pleAs | clBan-tMno | enogatmn | tcohcoal

1. le ______
2. ______
3. ______
4. ______
5. ______
6. ______
7. ______
8. ______

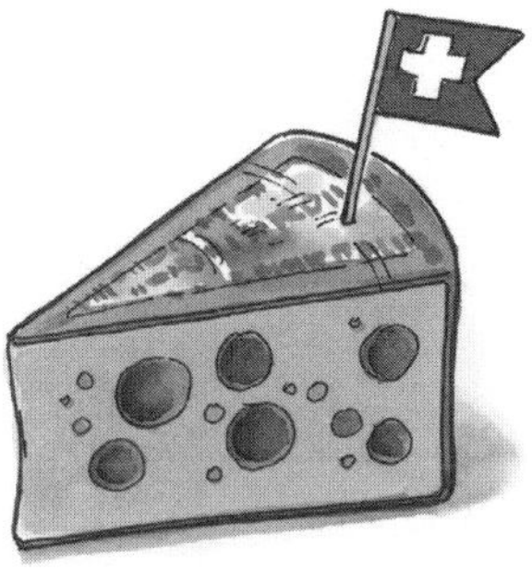

91 Est-ce que ça va ensemble?

Forme des paires avec les mots qui vont ensemble. Colorie les paires. (Finde die Paare.)

vieux	les mots	une langue	miniature
marcher	un panier	un sac	médiéval
le fromage	petit	faire une randonnée	la crème

92 Dans mon panier

Ecris les mots dans la grille et trouve ce qu'il y a dans le panier.
(Trage die Wörter in das Gitter ein.)

1						S						
					2	P						
		3				E						
4						C						
				5		I						
			6			A						
					7	L						
	8					I						
		9				T						
	10					E						

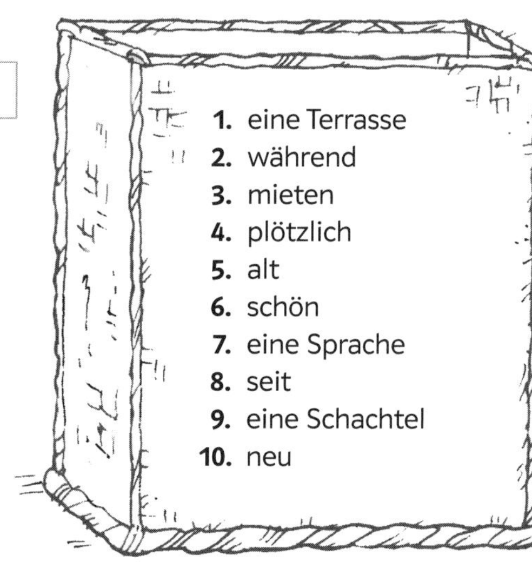

93 Une carte postale des vacances

Complète la carte postale. (Ergänze die Postkarte.)

Salut la famille, Paris, le 5/6/2013

Ici à la Rochelle, c'est génial! Il fait super beau. Je suis déjà très bronzé parce

que je vais tous les jours à la ______________  . J'ai rencontré

des copains super. Ensemble, on ______________  et on fait du

______________  . Le père d'un copain a un ______________ 

dans le port de la Rochelle. Alors, demain, on va visiter une ______________  .

Salut!

Benjamin

Familie Martin

24, rue des champs

75006 Paris

94 Attention à l'intrus!

Trouve l'intrus dans chaque liste. (Streiche den Eindringling durch.)

une île	hyper	bientôt	bronzé
un port	super	maintenant	tout
un bateau	très	demain	l'été
un blog	seul	amoureux	chaud

95 En un mot

Trouve les mots des abréviations. (Schreibe die Wörter aus.)

le prof	le professeur	une info		l'ordi	
la récré		un mono		la géo	

96 On cherche et on trouve.

Lis les définitions et trouve les mots. (Finde die Wörter.)

une maison pour passer la nuit dans la nature	un tour pendant les vacances	un repas dans la nature	Il travaille dans une colonie de vacances.
1. ____________	2. ____________	3. ____________	4. ____________
Aimer quelqu'un, c'est être …	C'est la montagne, la mer, les arbres …	C'est un petit site Internet.	C'est devant la mer et super pour être bronzé!
5. ____________	6. ____________	7. ____________	8. ____________

97 Sur la plage

Retrouve 8 mots sur le thème de la plage.
(Finde mithilfe der vorgegebenen Silben 8 Wörter um das Thema Strandurlaub.)

1. le ______________________
2. ______________________
3. ______________________
4. ______________________
5. ______________________
6. ______________________
7. ______________________
8. ______________________

98 Des verbes

Relie les verbes en français avec les verbes en allemand. (Verbinde.)

monter | sauter | tirer | offrir | nager | sauver

springen | retten | schwimmen | ziehen | steigen | schenken

99 Paris-Plage en poème[1]

Traduis les mots et complète en rimes le poème avec les mots en français.
(Ergänze das Gedicht mit den passenden Übersetzungen. Pass auf: Es soll sich reimen!)

die Saint-Louis Insel | ein Abenteuer | Batobus | ein Konzert | ein Platz | eine Palme

Aujourd'hui, à Paris
bienvenue sur l' ______________________ .
Sur les quais, regardez
Il y a même des ______________________ !
Les glaciers sont ouverts,
le soir, il y a des ______________________ !

Volley-ball avec les copains?
Mais oui, il y a des ______________________ .
Bravo, on est loin des voitures,
Ici, c'est comme une ______________________ .
Avec Paris, c'est toujours plus,
Entre péniches et ______________________ .

1 un poème ein Gedicht

Tout compris?

A *Coche la bonne solution.*
(Kreuze an.)

1. Le Mont-Blanc est …

- [ ] une spécialité suisse.
- [ ] une montagne.
- [ ] un lac de montagne.

2. En Suisse, on trouve …

- [ ] des lacs.
- [ ] dans le magasin de Mme Latière.
- [ ] dans la maison de la presse.

3. A la plage, on fait …

- [ ] l'été.
- [ ] de l'athlétisme.
- [ ] du surf.

4. La Rochelle, c'est …

- [ ] une île.
- [ ] une ville.
- [ ] une plage.

5. On fait du camping sous …

- [ ] une tante.
- [ ] une tente.
- [ ] une place.

6. On travaille avec un…

- [ ] collège.
- [ ] propriétaire.
- [ ] collègue.

7. Dans la nature, on fait …

- [ ] des informations.
- [ ] des excursions.
- [ ] des attractions.

8. Les jeunes passent leurs vacances dans …

- [ ] une colonie.
- [ ] une crêperie.
- [ ] une copie.

B *Retrouve les mots.*
(Finde die Wörter.)

1. Leurs propriétaires habitent dans ces bateaux. ______________________

2. Un bateau pour traverser la Seine. ______________________

3. C'est un programme spécial à Paris pendant l'été. ______________________

Pa	ches	ge
bato	ris	Pla
pé	ni	bus

STRATEGIE

Connaître la France
Du kannst dir deine ganz persönliche Frankreichkarte basteln. So lernt es sich viel besser. Vergrößere zunächst eine Frankreichkarte (nur die Umrisse) und hänge sie an die Wand.

Suche in Büchern, Zeitschriften oder im Internet Bilder oder Informationen über die Orte, die du kennst. Vielleicht findest du auch schöne Postkarten. Kopiere sie und klebe sie dann auf deine Karte. Diese Karte kannst du im Laufe der Lektionen ergänzen und so deine nächsten Urlaubsziele in Frankreich besser auswählen. Das kannst du auch mit der Stadt Paris machen.

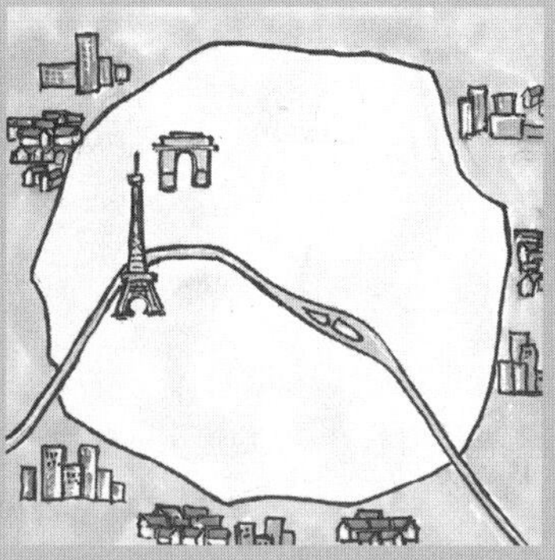

1 Bonjour, Moustique!

1. Salut! **2.** Merci! **3.** Au revoir! **4.** Oui **5.** A plus! **6.** madame **7.** bien **8.** Bienvenue! **9.** Bof! **10.** Je m'appelle …

2 Toi et moi

1. Mmm, c'est bon! **2.** Bonjour, je m'appelle Manon. **3.** Bonjour, madame Duroc. **4.** Merci, monsieur.

3 Un – deux – trois …

									8							
	2	D	E	U	X				H				11		0	
		5	9	N	E	U	F	1	U	N	12	D	O	U	Z	E
									I				N		É	
6	S	I	X				7		T				Z		R	
	9	N	E	U	F		S						E		O	
	4	Q	U	A	T	R	E			10						
							P			D						
						3	T	R	O	I	S					
										X						

4 1 + 1

2. 11; **3.** 7; **4.** 10

5 Sur le bureau

un stylo, une trousse, un crayon, un livre, un classeur, un effaceur, une gomme, une règle, un cahier, un feutre

6 En classe et dans la rue …

En classe: les copains, une trousse, une médiathèque, un livre, les enfants, un classeur
Dans la rue: une maison, un chien, les enfants, les copains, une boulangerie, une pharmacie, un cinéma
Ein Wort bleibt übrig: **un éléphant**

7 Le bureau de poste

1. b **2.** g **3.** c **4.** e **5.** a **6.** d **7.** i **8.** h **9.** f

8 Les amis en France

1. Bonjour! /Salut!
2. A plus!/A demain!/Au revoir!
3. Merci!
4. Bien, merci!
5. Moi, je suis de France.

9 Voilà!

1. une main
2. les bonbons
3. l'alphabet
4. un sac à dos
5. un volcan
6. un lapin
7. un ballon

Mot mystère: une chanson

Tout compris?

A madame – merci – monsieur – bienvenue – salut – chien – rue – bonjour – parc – livre – pharmacie – cinéma
B **1.** un gratin **2.** un enfant **3.** dix-quatre = sept **4.** une gomme – un cahier **5.** à la médiathèque – à la maison de la presse **6.** une maison
C **1.** 1; **2.** 8; **3.** 11; **4.** 12; **5.** 0

TU TE RAPPELLES?

1. Bonjour, je **m'appelle** Marie.
2. **Ça va**? – Oui, ça va bien, **merci**.
3. Et **toi**?
4. Au **revoir**?
5. **Voilà** Malabar!
6. Bonjour, **madame**!
7. Bonjour, **monsieur**!
8. Elle est **de** Toulouse.

10 C'est bizarre!

1. Ouah! Ouah! – Youki
2. Je m'appelle Zoé. – Zoé
3. Miaou! – Minou
4. Je suis un garçon. – Paul

11 C'est [ɔ̃], [ɑ̃] ou [ɛ̃]?

[ɔ̃] wie Manon: pardon, bonjour, garçon
[ɑ̃] wie Clément: comment, fantastique, enfant
[ɛ̃] wie Romain: copain, bien, chien

12 Comment?

1. orange – noir – gris – **bonbon** – jaune
2. garçon – **maison** – monsieur – fille – dame
3. Paris – Strasbourg – **restaurant** – Brest – Nice
4. chien – éléphant – **boulangerie** – chat – lapin

13 Un mot mystère

A 1. un	**C**	H	A	T				
2. un	M	**O**	N	S	I	E	U	R
3.	**P**	A	R	I	S			
4. une	F	**I**	L	L	E			
5. un	G	A	R	Ç	O	**N**		
6. un	C	H	I	**E**	N			

Mot mystère: copine

14 C'est qui?

1. Malabar est un **chat**? – Mais non, c'est un **chien**. **2.** Léo est un copain d'Alex? – Oui. Alex est une **copine** de Léo. **3.** Alex est un **garçon**? – Mais non, Alex est une **fille**. **4.** Mme Latière est un **monsieur**? – Mme Latière? C'est une dame! **5.** Tu es de **Paris**? – Non, je suis de Berlin.

15 Les couleurs

1. rouge **2.** gris **3.** vert **4.** jaune **5.** blanc

16 Huit mots

B	**I**	**Z**	**A**	**R**	**R**	**E**	W	P	O	**M**
J	M	Y	A	G	H	Z	C	W	B	**E**
A	F	X	G	T	Y	**M**	U	E	M	**R**
O	S	F	7	K	J	**A**	I	**B**	V	**C**
U	D	**A**	**U**	**S**	**S**	**I**	R	**I**	**C**	**I**
I	M	G	H	K	A	**S**	V	**E**	Q	T
D	B	E	H	K	S	Q	B	**N**	D	R
B	I	F	**S**	**U**	**P**	**E**	**R**	L	T	A

1. mais **2.** bien **3.** bizarre **4.** ici **5.** super **6.** merci **7.** oui **8.** aussi

17 Bizarre, bizarre ...

1. Attention! **2.** C'est bizarre! **3.** Viens vite! **4.** Au revoir. **5.** Salut!

18 Comment ça va?

Ça va bien? – Très bien, merci.
C'est qui? – C'est un copain.
Tu t'appelles comment? – Je m'appelle Léo.
C'est une copine? – Oui, c'est une fille super.
Au revoir, Pierre. – Salut, Marie.
Le chien est noir? – Mais non, il est blanc.
Tu es de Strasbourg? – Non, je suis de Paris.

Tout compris?

A **1.** noir **2.** orange **3.** blanc **4.** jaune **5.** marron **6.** vert **7.** rouge

B un monsieur – un chat – une fille – une bise – un garçon – un copain – un chien – une dame – un jeu

C **1.** Nicolas est de Paris? **2.** Bonjour, madame. **3.** Voilà Nathalie. **4.** Au revoir, Marie. **5.** Zoé est une copine. **6.** Ça va?

TU TE RAPPELLES?

1. **Viens** papa! Vite!
2. Tu **t'appelles** comment?
3. **Attention**, Moustique! Non!
4. **C'est** Moustique.
5. C'est **qui**?
6. Je **m'appelle** Manon. Et toi? – Je m'appelle **aussi** Manon.
7. Valentin est un **copain** de Clément.
8. Béatrice est une **copine** de Louise.
9. Quoi, une **bise**?

19 Les mots en deux

le sport:
le judo, le foot, le vélo, le rugby, la gymnastique
la musique:
la techno, le rock, la chanson, le rap, la musique classique

20 On parle!

C'est qui? – C'est Léo.
Tu habites où? – 53, rue Nollet.
Qu'est-ce que c'est? – C'est un magasin.
Tu aimes la musique? – Oui, j'aime la musique.
Qu'est-ce que tu aimes? – J'aime le foot et le rock.

21 Qu'est-ce que c'est?

Musique: le piano, le rap, la techno, la musique classique, une guitare, une chanson
Sport: le foot, la gymnastique, le judo, le rugby
Maison de la presse: un cahier, une gomme, un journal, une BD

22 Oui – Non

un frère ≠ une sœur;
aimer ≠ détester;
la maison ≠ l'école;
Super! ≠ C'est une catastrophe!;
trouver ≠ chercher

23 Dans la maison de la presse

			1	**G**	O	M	M	E	
		2	C	R	**A**	Y	O	N	
			3	**B**	D				
	4	L	I	V	**R**	E			
	5	A	F	F	**I**	C	H	E	
6	C	A	H	I	**E**	R			
	7	S	T	Y	**L**	O			

Es bleibt: un journal

24 Avec un accent?

Voilà madame Latière, la grand-mère d'Alex. – Bonjour, madame, Alex est là? – Non. – Elle est où? Elle est à l'école? – Non, elle est avec Marie. Elles écoutent des chansons françaises avec des garçons. – Elles aiment les chansons? – Oui, mais elles détestent la techno.

25 Où sont les verbes?

1. regarder **2.** chercher **3.** porter **4.** arriver **5.** trouver **6.** entrer

26 Qu'est-ce qu'il fait?

travailler – Elles travaillent pour l'école.
écouter – Tu écoutes une chanson?
porter – Il porte un livre.
entrer – L'éléphant entre dans la maison.

27 Qui est Thomas?

1. Léa et Thomas sont frère et **sœur**. Ils habitent **dans** une maison **à** Brest dans la **rue** Leclerc. Ils habitent là **avec** Mme Lebrun. **2.** Mme Lebrun est la **grand-mère** de Thomas et Léa. **3.** Gaspard est l'**ami** de Thomas et il **trouve** Léa très **sympa** … Thomas et Gaspard **aiment** le sport, mais Léa déteste **ça**.

Tout compris?

A **1.** Malabar est le chien de Léo. **2.** Alex habite rue Nollet. **3.** Jérôme est le frère d'Alex. **4.** Alex est une fille. **5.** Léo parle avec une dame. **6.** Dans le sac de Marie, on trouve un livre.

B **1.** Marie et Alex sont devant le magasin de Mme Latière. **2.** Le garçon est dans la rue. **3.** Le chien entre dans le magasin. **4.** Le chat est dans un carton. **5.** Le chien cherche le chat. **6.** C'est une catastrophe!

TU TE RAPPELLES?

1. C'est un **magasin** à Paris.
2. Léo **regarde** une BD.
3. Un monsieur **parle avec** Malabar.
4. Marie **cherche** Léo.
5. Qu'**est-ce que c'est**?
6. Ah, tu es **là**!
7. Tu **travailles** pour l'école?
8. On **est en vacances**.
9. Lucie est **l'amie** d'Anne.
10. **J'habite** à Paris.
11. **Qu'est-ce que** tu aimes?
12. Tu es **d'accord**?

28 Jeu de sons

[o] Allô? – gâteau – bientôt – aujourd'hui
[ɑ̃] envie – maintenant – chambre – France – ensemble
[ɛ̃] inviter – demain – faim
[ɔ̃] bon – onze

29 L'anniversaire

1. Un ordinateur **2.** des livres **3.** des CD **4.** un vélo **5.** des bougies **6.** des cadeaux **7.** un jeu vidéo **8.** des gâteaux

30 Quand c'est mon anniversaire, …

1. Inviter ses copains **2.** Préparer un gâteau **3.** Ranger sa chambre **4.** Ecouter des CD **5.** Avoir douze ans

31 Les copains ont faim!

1. Quand c'est mon anniversaire, je **range** ma chambre et maman **prépare** un gâteau. **2.** Quand le gâteau est là, j'**invite** mes amis. **3.** Quand mes amis arrivent, ils **chantent** «Joyeux anniversaire». **4.** Quand on chante, je **souffle** les bougies sur le gâteau. **5.** Et quand nous avons faim, on **mange** le gâteau. Mmm …

32 Voilà ma famille!

10	M	E	R	E		8	G	R	A	N	D	-	P	E	R	E
		3		6	O	N	C	L	E		11					
		P	4	1	P	A	R	E	N	T	S					
		E	T						5	C	O	U	S	I	N	S
7	G	R	A	N	D	S	-	P	A	R	E	N	T	S		
		E	N					12	C	O	U	S	I	N	E	
			T				2	F	R	E	R	E				
			E		9	G	R	A	N	D	-	M	E	R	E	

33 Et là, c'est qui?

(1) Parents (4) Tante (5) Cousins (6) Oncle
(7) Grands-parents (11) Sœur

34 Des cadeaux pour la famille

1. pour ma sœur
2. pour ma tante Elodie
3. pour ma cousine Manon
4. pour papa
5. pour mon oncle Pedro
6. pour ma mère Frédérique

35 Tu arrives aujourd'hui?

Son père: Allô, Fabien? C'est papa.
Fabien: Papa? Tu es **maintenant** dans le train?
Son père: Non, je suis **encore** en Allemagne.
Fabien: Oh, non, papa!!! **Demain**, c'est mon anniversaire!
Son père: Ah, bon? Et tu as quel âge? Onze ans?
Fabien: Mais, non, papa!!! J'ai **bientôt** douze ans!!
Son père: Ohhh … Alors demain, on mange **d'abord** le gâteau et …
Fabien: … et **puis**? On regarde un DVD, d'accord?
Son père: **Bien sûr**, Fabien. Demain, c'est ton anniversaire et tu as 12 ans!

36 Une surprise

Aujourd'hui, c'est l'**anniversaire** de Leonie. Mais sa **mère** n'est pas là. Elle travaille en **France** . Mais Leonie a une **idée. Il y a** un **train** de **Cologne** à Paris dans deux heures. Elle parle avec sa **sœur** Anna: «Anna, tu as **envie** de voir maman?» Bien sûr! **Bientôt**, les deux **enfants** arrivent à Paris **ensemble**. Ça, c'est une **surprise**! …

37 dix, vingt, trente …

2. 18; **3.** 27; **4.** 27; **5.** 9; **6.** 28; **7.** 12; **8.** 17; **9.** 10

38 L'anniversaire de Moustique

A

					7	**J**	U	I	L	L	E	T
				3	M	**A**	R	S				
		6	J	U	I	**N**						
				4	A	**V**	R	I	L			
			5	M	A	**I**						
		12	D	É	C	**E**	M	B	R	E		
10	O	C	T	O	B	**R**	E					

B février, août, septembre, novembre

39 Ensemble

le frère – la sœur
la tante – l'oncle
Paris – Cologne
aujourd'hui – demain
un mois – une année
un cahier – un livre
les bougies – le gâteau d'anniversaire

40 Qu'est-ce qu'on raconte?

1. C'est dommage!
2. Ça alors?
3. Qu'est ce qu'il y a?

Tout compris?

A **1.** un gâteau **2.** une histoire **3.** un jeu vidéo **4.** un cadeau **5.** un DVD
B premier – la bougie – une famille – ensemble
C **1.** des cadeaux **2.** ma tante **3.** je souffle les bougies sur mon gâteau. **4.** Demain, c'est le 3 novembre.
D le 12 juin – le 22 juillet – le 5 août – le 27 mars

TU TE RAPPELLES?

1. C'est **bientôt** l'anniversaire de Léo.
2. On cherche un cadeau **ensemble**?
3. Tu es là **demain**?
4. C'est **dommage**!
5. Mme Pirou prépare un **gâteau** .
6. Toujours des **histoires**.
7. Vous avez **faim**?
8. L'**année** a 12 mois.
9. Mehdi **a onze ans**.
10. L'anniversaire de Marie, c'est le **premier** mars.

41 Ce ne sont pas mes affaires!

un lit - la récréation - une place - un CDI - une main

42 Un exercice de maths!

2. 34; **3.** 28; **4.** 60; **5.** 56

43 Où sont les verbes?

1. raconter des histoires. **2. commencer** les cours à huit heures. **3. cliquer** sur Internet. **4. rentrer** à la maison après le collège. **5. faire** ses devoirs au CDI. **6. retrouver** ses copains. **7. discuter** avec un copain. **8. aller** au collège avec le bus.

44 On cherche nos affaires!

1. M. Robert est dans le train. **2.** Minou est sous le lit. **3.** Un élève est à l'infirmerie. **4.** Le chat est derrière la télévision. **5.** Le garçon est dans le lit. **6.** La fille est à la cantine. **7.** Moustique est devant la télévision. **8.** Les élèves sont dans la salle de cours.

45 L'alphabet top secret

1. A l'école, il y a des profs et des **élèves**. **2.** Aïe! Mon pied! Je vais à l'**infirmerie**. **3.** Dans une heure, il y a 60 **minutes**. **4.** Ouf! C'est la **récréation**, alors les enfants jouent dans la cour. **5.** Après le collège, à la maison, on fait les **devoirs**. **6.** Maintenant, tu fais un **exercice** dans ton cahier. **7.** «On a maths demain?» - «Regarde dans ton **emploi du temps.**»

46 Moustique est bizarre.

Solution: Moi, j'adore les interros!

47 Un rendez-vous! Oui, mais à quelle heure?

Sonntag 19.30 - dimanche - sept heures et demie
Mittwoch 11.45 - mercredi - midi moins le quart
Montag 14.15 - lundi - deux heures et quart
Samstag 12.00 - samedi - midi
Freitag 20.30 - vendredi - huit heures et demie
Dienstag 16.25 - mardi - quatre heures vingt-cinq
Donnerstag 18.00 - jeudi - six heures

48 On range le collège.

eévlè	**un élève**
maygnes	**un gymnase**
tancien	**une cantine**
essalc	**une classe**
suorc	**un cours**
énércrtoai	**une récréation**
orrétin	**une interro**
ropf	**un(e) prof**
ruoc	**une cour**
idc	**un CDI**

49 Questions pour un champion

1. le CDI **2.** le gymnase **3.** la cantine **4.** les interrogations **5.** l'infirmerie **6.** les exercices **7.** profs **8.** les élèves

50 A quelle heure?

1. Il est une heure et demie.
2. Il est midi vingt.
3. Il est six heures et demie.
4. Il est huit heures moins le quart.
5. Il est trois heures.
6. Il est quatre heures et quart. (Lösung)
7. Il est midi.
8. Il est huit heures moins vingt.

51 Les sept familles

1. la clé USB - la télévision - le DVD - l'ordinateur - le jeu vidéo
2. une cantine - un gymnase - un CDI - une infirmerie - une cour
3. un frère - une famille - une mère - une sœur - un père
4. samedi - mardi - dimanche - mercredi - jeudi
5. la minute - l'heure -midi - une heure et demie - huit heures et quart

6. aujourd'hui - demain - maintenant - toujours - bientôt
7. derrière - devant - dans - sous - sur

Tout compris?

A **1.** Il est en retard. **2.** Quelle heure est-il? **3.** Ce ne sont pas mes affaires. **4.** Il est à qui? **5.** Il est cinq heures et demie. **6.** J'ai un cours de maths à 9 heures et quart.

B **1.** La clé USB est derrière l'ordinateur. **2.** Le sac est sous le lit. **3.** La professeure est devant les élèves.

C élève - professeur
infirmerie - gymnase
aujourd'hui - demain
minute - heure
une salle de cours - une place
sous - sur

TU TE RAPPELLES?

1. Aujourd'hui, ils ont un **cours** d'allemand.
2. Il est **à l'infirmerie**.
3. Léo est **en retard**.
4. Qu'est-ce qu'il y a **à la cantine**?
5. Il est **sept / 7 heures**.
6. Il est **chez** Alex.
7. Léo **va** au CDI.
8. Mme Barette est **prof(esseur) d'allemand**.
9. Léo va à **sa place**.
10. Aujourd'hui, c'est **mercredi**.
11. Ce ne **sont pas mes affaires**.
12. On ne fait pas ça! - **Mais si!**
13. **Mehdi a raison.**
14. Vous faites vos **devoirs**?

52 Aïe!

la natation - le bruit - une pièce - la cuisine - tout droit minuit - la salle de bains - un pied - le dix-septième - je voudrais - les toilettes - un théâtre

53 L'appartement

1. la cuisine **2.** le salon **3.** la salle de bains
4. les toilettes **5.** la chambre **6.** l'entrée

54 Chez Lucas

Il est 19 heures. Je suis dans ma **chambre** et je fais mes devoirs. «A table!» Papa est dans la **cuisine** et prépare le repas du soir: des spaghettis. Super, j'arrive!! Maman a mal au pied, elle cherche un sparadrap dans la **salle de bains**. Grand-père est dans le **salon**: il regarde la télé. Ah, mon frère Pierre arrive: il est dans l'**entrée**. Et mon chien Roxy. Où est Roxy? Il est aux **toilettes**. Bizarre comme chien …

55 C'est où?

1. un parc **2.** un stand **3.** une boulangerie
4. la poste **5.** une piscine **6.** un café

56 Qui dit quoi?

Lucas: Aïe!
Cora: Merci beaucoup!
Stéphane: C'est vraiment trop nul!
M. Leblanc: Ça coûte combien?
Mme Messadi: Bonne journée, ma puce!

57 Les champions!

Claire: la danse - Jeanne: la natation - Victor: le judo - Jamel: le théâtre - Léa: l'athlétisme - Gabriel: la guitare - Manon: le roller

58 J'aime le sport

Jamel fait **du théâtre**. Léa, elle, fait **de l'athlétisme**. Manon fait **du roller**. Gabriel joue **de la guitare**. Jeanne fait **de la natation**. Victor aime les sports de combat: il fait **du judo**. Et Claire? Claire fait **de la danse**.

59 On fait un tour dans le quartier?

- On fait un tour dans le **quartier**?
- D'accord, on va faire du **roller**?
- Sur l'**avenue**?! Et les **voitures**!!
- … et avec le **bruit**, c'est non! Tu as raison.
- Oh, regarde mon portable! J'ai un SMS de Samira. Elle est au **parc**.
- On prend un **taxi**?
- Ah, non! Le parc n'est pas **loin**. Il est dans le 17e arrondissement. Ça fait 5 minutes **à pied**!

60 Bonne journée!

1. C'est le matin. **2.** C'est l'après-midi. **3.** C'est le jour. / la journée. **4.** C'est la nuit / le soir.

61 Tôt ou tard?

1. Il est **déjà tard**. **2. Ce soir**, je fais de la guitare. **3. Le samedi**, je fais du judo. **4. Je passe la nuit** chez Marie. **5.** Il est **déjà minuit**?

62 La vie dans le quartier

1. un arrondissement **2.** un stand **3.** un bruit **4.** un taxi **5.** une voiture **6.** un carrefour **7.** une poste **8.** une piscine

63 C'est où?

Essen und trinken: le petit-déjeuner, un jus de pomme, un diabolo menthe, une crêpe, des spaghettis, une gaufre, un repas
Freizeitbeschäftigungen: le théâtre, la natation, l'athlétisme, le judo
Wohnung: une chambre, la cuisine, une salle de bains, un salon, une porte, une pièce

64 Promos?!

- Bonjour, qu'est-ce que tu **prends**?
- Je **voudrais** une crêpe, s'il vous plaît. Ça fait **combien**?
- Une crêpe, c'est 2,20 €. Mais avec un **diabolo menthe**, ça fait quatre euros soixante pour toi.
- Merci, mais c'est trop. Je prends une crêpe.
- Mais avec un **jus de pomme**, c'est trois euros soixante-dix.
- Non merci. Une crêpe, s'il vous plaît!
- Une crêpe et une **eau minérale** pour trois euros soixante?
- Merci, mais je n'ai pas soif, monsieur. Je prends une crêpe!
- Tu n'as pas soif? Alors, une crêpe et une **gaufre** pour quatre euros quatre-vingt-dix?
- Zut! Le stand, c'est la catastrophe aujourd'hui! Au revoir!

65 Je cherche une boulangerie, s'il vous plaît!

1. D'abord, on va à gauche. **2.** Puis, va tout droit. **3.** Traverse l'avenue de Clichy. **4.** Puis, tourne à droite. **5.** Au carrefour, il y a un café. Et là, il y a une boulangerie.

Tout compris?

A la photo – porter – le vendeur – gagner

B D'abord, je traverse le carrefour.
Puis, je tourne à droite.
Je tourne à gauche.
Puis, je vais tout droit.

C **1.** c) **2.** e) **3.** a) **4.** b) **5.** d)

TU TE RAPPELLES?

1. Il y a des activités pour **tout le monde**.
2. Marie n'habite pas **loin**.
3. Ils habitent dans un **appartement** de quatre **pièces**.
4. Je **voudrais** regarder la télé.
5. Qu'est-ce que tu fais **comme** sport?
6. Tourne à **gauche**.
7. Va **tout droit**.
8. **Comment est-ce que** tu tombes?
9. Sur le **portable** de Léo, il y a des SMS de Marie.
10. **Combien** ça coûte?

66 Ce ne sont pas mes couleurs!

1	B	L	A	N	C		
			2	N	O	I	R
		3	R	O	U	G	E
			4	B	L	E	U
			5	V	E	R	T
		6	J	A	U	N	E
			7	G	R	I	S

J'aime les **couleurs!**

67 Qu'est-ce que tu portes?

Le garçon: un pantalon, un t-shirt, une casquette, des baskets
La dame: une robe, une veste, un chapeau, des chaussures

68 Des problèmes?

1. Aujourd'hui, c'est la fête nationale. Il y a un grand bal populaire et un feu d'artifice. Les gens vont danser.
2. Annie a rencontré un garçon super! Il porte toujours une casquette verte et des baskets rouges. Il aime bien rigoler. C'est cool!
3. Dans le train, M. Deluc a un problème: où est son ticket? Le contrôleur arrive. Il cherche dans sa veste! Rien. C'est l'arrivée, le train entre dans la gare. Et voilà, M. Deluc trouve son ticket. Ouf!

69 C'est les vacances!

la casquette verte – trois jeans bleus – deux t-shirts gris – mon sac noir – mon pull vert et rouge

70 Alors, on range?

bal - contrôleur - jean - arrivée - robe - danser - chemise - veste - feu d'artifice - gare - chanter - vacances

71 On fait la fête?

feiern: le bal – danser – le feu d'artifice – chanter
sich anziehen: le jean – la robe – la chemise – la veste
wegfahren: l'arrivée – la gare – les vacances – le contrôleur

72 Les petits mots

1. pour **2.** quand? **3.** aussi **4.** peut-être **5.** enfin **6.** très **7.** quoi? **8.** hier **9.** surtout **10.** avant **11.** après

73 Les mots font la fête!

1. mauvais **2.** dernier **3.** intéressant **4.** content **5.** petit **6.** blanche

74 Les mots rigolent!

1. bon ≠ mauvais
2. triste ≠ content
3. premier ≠ dernier
4. nul ≠ intéressant
5. grand ≠ petit
6. noire ≠ blanche

75 Des verbes pour les vacances

helfen – aider; sprechen – parler; treffen – rencontrer anrufen – téléphoner; geben – donner; fragen – demander; bleiben – rester; zeigen – montrer

76 Devinette

1. baskets 2. courriel 3. jupe 4. dessin 5. journaux

77 En France!

1. le TGV **2.** le Louvre **3.** le 14 Juillet **4.** la tour Eiffel

Tout compris?

A **1.** un bal **2.** des feux d'artifice – la fête nationale **3.** un chapeau – une casquette **4.** bleu blanc rouge **5.** courriel **6.** chanteurs

B **1.** bise = bisou
2. noir ≠ blanc
3. dernier ≠ premier
4. appeler = téléphoner
5. avant ≠ après
6. triste ≠ content

TU TE RAPPELLES?

1. Le petit Gabriel est **vraiment** triste.
2. Marie, tu **aides** toujours tout le monde.
3. Les gens vont **au bal** et **dansent** dans la rue.
4. C'est super de **rencontrer** des gens sympas comme toi!!
5. **L'autre** fille, c'est sa sœur.
6. La musique n'est pas **mauvaise**. Elle est **bonne**.
7. Nous avons cherché ma **petite** sœur et mon **petit** frère.
8. Clara **reste** ici et range.

78 Les moyens de transport

1.	l'				A	**V**	I	O	N
2.	le	M	É	T	R	**O**			
3.	le		T	R	A	**I**	N		
4.	le					**T**	A	X	I
5.	le				B	**U**	S		
6.	la			G	A	**R**	E		
7.	le	T	I	C	K	**E**	T		

79 Le métro ou le vélo?

Pour aller au collège, je ne prends pas **le bus**. Il ne va pas vite! Alors, je prends **le métro** à la station Louvre. Ma sœur aime le sport, alors elle va au collège en **vélo**. Pour aller travailler, mon père prend **le train** à la gare du Nord, mais aujourd'hui, il est en retard. Alors, il prend **un taxi**: c'est cher mais ça va plus vite! Et ma mère? Elle va demain à Berlin. C'est loin, alors, elle va prendre **l'avion**.

80 Quel est ce son?

1. Défense – bus **2.** avion **3.** métro – chez – arrivée – marché

4. neiger - kilomètre - mauvais **5.** collège - journée - écologique

81 Au marché aux puces

le vendeur: Bonjour, mademoiselle. **Vous désirez quelque chose**?
la cliente: Je cherche **un souvenir** pour une amie. Vous avez une idée?
le vendeur: Qu'est-ce qu'elle aime? Des livres, des affiches? J'ai **beaucoup de** choses intéressantes.
la cliente: Non, elle n'aime pas **lire**. Mais elle adore **écrire** des cartes postales.
le vendeur: **Pas de problème**. J'ai **par exemple** des cartes de la tour Eiffel, du Louvre …
la cliente: Vous avez aussi des cartes du Parc Astérix?
le vendeur: **Désolée**, je n'ai plus de cartes du parc.
la cliente: C'est dommage. Mon amie **adore** le Parc Astérix.

82 L'intrus

moderne - reportage - million - assistant

83 Quel temps fait-il?

1. Il pleut. / Il fait mauvais. **2.** Il neige. **3.** Il fait froid.
4. Il fait chaud. **5.** Il y a du vent. **7.** Il fait beau.

84 Il fait beau?

il pleut - du vent - beau - 15 ° - froid - neige

85 Une carte postale de Paris

1. Chère Julie,
Un grand bonjour de Paris.
2. Oui, je suis ici avec ma cousine, et demain, nous allons **visiter** la tour Eiffel, comme des **touristes**.
3. A Paris, **il fait beau**: il fait chaud, et il ne pleut pas.
4. J'**adore** la vue **fantastique** de la tour Eiffel. C'est génial!
5. Je vais chercher un super **souvenir** de Paris pour toi.
Bises
Lola

86 M. et Mme Leroi à Paris

M. et Mme Leroi font **la queue** deux heures devant la tour Eiffel.
Mme Leroi: Oh là là, mes pieds … Je suis **fatigué** et j'ai **faim**!
M. Leroi: Zut, j'ai oublié les sandwiches à l'hôtel et le restaurant de la tour Eiffel est très cher.
Madame Leroi n'est pas contente.
M. Leroi: Je suis **désolé**, Catherine!
Dans le métro, il fait très chaud et il y a beaucoup, beaucoup de gens!
Mme Leroi: J'ai mal au cœur et j'ai très **soif** maintenant.
M. Leroi: Voilà de l'eau.
Enfin, à 19 heures, les Leroi trouvent un petit restaurant du 17ᵉ arrondissement. Ce n'est pas cher et c'est très bon!
Mme Leroi: Ah, je vais **beaucoup mieux**.

87 Une leçon en 10 questions

1. semaine **2.** lecteurs **3.** kilomètre **4.** Seine
5. boutique **6.** réponse **7.** boire **8.** gratuit **9.** queue
Mot mystère: bureau

88 En reportage

1. c) **2.** b) **3.** d) **4.** e) **5.** a)

89 J'ai faim!

1. Bonjour. Vous désirez?
2. Je voudrais une crêpe, s'il vous plaît!
3. Avec un peu de sucre?
4. Oui, avec du sucre, s'il vous plaît.
Et je prends un diabolo menthe aussi.
5. Voilà. Vous désirez autre chose?
6. Non, merci. Ça fait combien?
7. 3,10 €, s'il vous plaît.
8. Ce n'est pas cher. Voilà!
9. Au revoir, merci. Bonne journée.

Tout compris?

A **1.** un musée **2.** ville **3.** Il fait beau. **4.** à une station. **5.** C'est pas cher. **6.** une cathédrale. **7.** un quartier moderne **8.** beaucoup de touristes.
B **1.** J'**adore** les **boutiques** sur la tour Eiffel. **2.** Pour aller au **Louvre**, je prends le bus ou le **métro** et je vais à la **station** Louvre-Rivoli. **3.** Nous allons **visiter** Paris en vélo. C'est un **moyen** de transport **écologique**.
4. Le Louvre est un grand **musée** où vont beaucoup de **touristes**.

TU TE RAPPELLES?

1. Vous connaissez les **monuments** de Paris?
2. Il prépare un **reportage** sur notre ville.
3. Ils vont visiter des **endroits** intéressants.
4. Le Louvre est un grand **musée** à Paris.
5. Sur la tour Eiffel, il **y a du vent**.
6. **En bas** de la tour Eiffel, ils cherchent le chapeau.
7. A Paris, il **fait mauvais**.
8. J'ai **mal au cœur**.
9. Je n'ai **pas de** ticket pour le métro.
10. **Pas** de problème.

90 Bienvenue en Suisse!

1. le lac **2.** les Alpes **3.** la montagne **4.** le chocolat **5.** le Mont-Blanc **6.** le Jura **7.** la randonnée **8.** la vache

91 Est-ce que ça va ensemble?

vieux – médiéval
marcher – faire une randonnée
les mots – une langue
le fromage – la crème
un sac – un panier
miniature - petit

92 Dans mon panier

1. une terrasse **2.** pendant **3.** louer **4.** tout à coup **5.** vieux **6.** beau **7.** langue **8.** depuis **9.** boîte **10.** nouveau

93 Une carte postale des vacances

Salut la famille,
Ici à la Rochelle, c'est génial! Il fait super beau. Je suis déjà très bronzé parce que je vais à la **plage** tous les jours. J'ai rencontré des copains super. Ensemble, on **nage** et on fait du **surf**. Le père d'un copain a un **bateau** dans le port de la Rochelle. Alors, demain, on va visiter une **île**.
Salut!
Benjamin

94 Attention à l'intrus!

un blog – seul – amoureux – tout

95 En un mot

le professeur – une information – l'ordinateur – la récréation – un moniteur – la géographie

96 On cherche et on trouve

1. une tente **2.** une excursion **3.** un pique-nique **4.** un moniteur **5.** amoureux(se) **6.** la nature **7.** le blog **8.** la plage

97 Sur la plage

1. le palmier **2.** le bateau **3.** le nageur **4.** les vacances **5.** le sable **6.** l'été **7.** le touriste **8.** le soleil

98 Des verbes

monter – steigen
sauter – springen
tirer – ziehen
offrir – schenken
nager – schwimmen
sauver – retter

99 Paris-Plage en poème

Aujourd'hui, à Paris
bienvenue sur l'**île Saint-Louis**.
Sur les quais, regardez
Il y a même des **palmiers**!
Les glaciers sont ouverts,
le soir, il y a des **concerts**!
Volley-ball avec les copains?
Mais oui, il y a des **terrains**
Bravo, on est loin des voitures.
Ici, c'est comme une **aventure**.
Avec Paris, c'est toujours plus,
Entre péniches et **batobus**.

Tout compris?

A **1.** une montagne **2.** des lacs **3.** du surf **4.** une ville **5.** une tente **6.** collègue **7.** excursions **8.** colonie
B **1.** les bateaux **2.** le batobus **3.** Paris Plage